Inhalt

W0057804

Warum ein Buch über Nerds?

Der reichste Mann der Welt ist ein *nerd*: Bill Gates, der Chef der Firma Microsoft. Die meisten Computer in aller Welt arbeiten heutzutage mit Software von Microsoft. Deswegen ist Bill Gates so reich. Doch was macht ihn zum Nerd? Nun: er trägt eine Brille, hat ein zerknautschtes Gesicht und schmale Schultern, versteht etwas von Computern und läßt gerne Prognosen über die Zukunft der Menschheit vom Stapel. All das klingt an sich ziemlich unschuldig; und doch ruft Bill G. bei vielen Leuten tiefe Haßgefühle hervor. Das geht so weit, daß man ihn im Internet sogar mit gemeingefährlichen Irren wie Hitler, Stalin und Pol Pot vergleicht. Trotzdem nennt ihn merkwürdigerweise jeder, einschließlich der Bill-Gates-Hasser, bei seinem Vornamen – wie einen guten Bekannten, ja einen Freund. Und damit steht Bill durchaus nicht allein: Überall auf der Welt sind Nerds gleichermaßen beliebt wie verhaßt.

In Fachdiskussionen über dieses Phänomen gewinnt neuerdings eine darwinistische Theorie immer mehr an Boden. Angeblich ist es ein grundlegendes menschliches Problem, einfach nicht akzeptieren zu können, daß es die Nerds sind, die uns die Segnungen des Computerzeitalters beschert haben. Denn es sind ja nicht etwa smarte Manager und wortgewandte Strategen, die hinter dem Erfolg der Computerindustrie stecken. Im Gegenteil: Es waren blutjunge Technikfreaks mit einem durchweg unmöglichen Äußeren, die den Stein ins Rollen brachten – genau die Jungs, die in der Schule ein Mathe-As waren, in Sport dagegen eine Niete, und die deswegen ständig schikaniert wurden. Der Erfolg dieser Nerds, wie zum Beispiel Bill Gates, erweckt Mißgunst und will obendrein so gar nicht zu unserer biologisch bedingten Vorstellung vom erfolgreichen Menschen passen. Unter einem Gewinnertypen stellt man sich gemeinhin jemanden mit dem Aussehen von Tom Cruise oder Kevin Costner vor, und die besten Chancen, ihre Erbanlagen weiterzugeben, haben angeblich kräftige Männer mit viereckigem Unterkiefer und breiten Schultern. Steht aber ein linkischer Hänfling mit Brille und fettigen Haaren auf dem Siegertreppchen, ruft dies ganz von selbst Frust und Ablehnung in uns hervor. Das schlimmste an der Sache ist allerdings, so die wissenschaftliche Theorie, daß wir die Nerds zugleich dringend brauchen – beispielsweise wenn unser Computer abstürzt, wenn wir ein bestimmtes Programm benötigen oder eine Anwendung nicht verstehen.

Wie alle darwinistischen Theorien bietet jedoch auch diese nur relativ unbefriedigende Erklärungen. Vor allem läßt sie außer acht, daß es den Nerd schon immer gegeben hat. Die Geschichte wimmelt nur so von weltfremden, oft genialen Verrückten oder in anderer Hinsicht auffälligen Leuten, die im Laufe ihres Lebens sowohl Erfolg als auch Erniedrigungen ernteten. Ein weiteres Mißverständnis beruht auf der Annahme, in den vergangenen fünfundzwanzig Jahren habe sich jeder Sonderling quasi zwangsläufig mit Computern befaßt: der Nerd wird ausschließlich als Computer-Nerd wahrgenommen. In der Tat trifft man zwar an den naturwissenschaftlichen Fakultäten der Unis auf zahlreiche solcher Typen, die wie festgenagelt vor ihren Bildschirmen hocken und über Witze kichern, die außer ihnen kein normaler Sterblicher komisch findet. Und tatsächlich werden diesen Figuren die gutbezahlten Jobs nur so hinterhergeworfen. Andererseits begegnet man in der Computerbranche ebenso vielen normalen Leuten – Männern wie Frauen – wie in anderen Branchen. Und – mal im Ernst – glauben Sie wirklich, Bill Gates säße noch an einem PC? Zudem trifft man allenthalben auf erfolgreiche Nerds, die noch nie einen Computer aus der Nähe gesehen haben. Kurzum: Der Computer-Nerd repräsentiert ein zu stark vereinfachtes, stereotypes Bild eines Wesens, das in Wirklichkeit viele verschiedene Facetten aufweist.

Nerds findet man überall. Viele von ihnen schlagen beispielsweise eine Laufbahn als Wissenschaftler ein. Manche Nerds bringen es aber auch zum Popstar (siehe Michael Jackson), zum Minister (siehe Matthias Wissmann), Premierminister von England (siehe John Major) oder zum Weltmeister im Eisschnellauf (siehe Hilbert van der Duim). Doch wenn es nicht am Computer liegt, was ist es dann, das einen Menschen zum Nerd macht?

Der wahre Nerd

Betrachten wir noch einmal Bill G., unumstritten der Prototyp eines Nerd. Ein unscheinbarer Mann, der trotzdem auffällt. Doch warum eigentlich? Weil seine ganze Haltung ausdrückt, daß er absolut überzeugt ist: von seiner Arbeit und seinen gesamten Ideen. Das typische am Nerd ist nämlich, daß er sich einer Sache stets mit Leib und Seele verschreibt, sei es nun das Sammeln von *Star-Trek*-Fanartikeln, von Berichten über Flugzeugabstürze, das Züchten von Grassorten oder der Verkauf schlechter Software. Ganz und gar fixiert auf ihre Aktivitäten, zeigen Nerds wenig oder gar kein Interesse an ihrer Umgebung und legen dementsprechend wenig Wert auf ihr Äußeres. Diese Eigenschaften tragen wiederum dazu bei, daß Nerds überaus geeignet sind für Jobs in der Computerindustrie oder der Elektronikbranche. Ihre totale Konzentration und ihr ausgeprägtes Talent für abstraktes Denken versetzen sie in die Lage, jahrelang ohne Sonne oder frische Luft in einer virtuellen Welt von Codes und Gehirnbits zu leben. Dazu kommt, daß Nerds gern nach Höherem streben: Sie wählen häufig ein Fachgebiet, von dem außer ihnen kaum jemand Ahnung hat, oder verschreiben sich einem Wissenschaftszweig, dem nur wenige andere außer ihnen intellektuell gewachsen sind. Besonders die Computertechnologie hat als Wegbereiterin einer neuen Ära solche Herausforderungen zu bieten. Falls jedoch eines Tages der Anbau von Rosenkohl, das

Verfassen von Gedichten oder das Walzen von Stahl unverhofft den heutigen Stellenwert der Computertechnik einnehmen sollte, wären Nerds die phantastischsten Rosenkohlzüchter, die begnadetsten Lyriker und die zähesten Stahlwalzer.

Die Besessenheit, mit der sich Nerds einer Aufgabe widmen, ist für die meisten Menschen das Verwirrendste an ihnen, weil normale Maßstäbe auf sie einfach nicht anwendbar sind. Da in der kapitalistischen Gesellschaft normalerweise keine andere Triebfeder als Geld anerkannt wird, ist es um so auffallender, daß Nerds ihre Talente zumeist nicht vorrangig für die Erlangung von finanziellem Gewinn einsetzen. Matthias Rust beispielsweise landete nicht auf dem Roten Platz, um reich zu werden, Michael Jackson wurde nicht in erster Linie Musiker, um Geld zu verdienen, und auch Bill Gates geht es nicht um schnöden Mammon, selbst wenn er mittlerweile beschuldigt wird, die ganze Welt kaufen zu wollen, bis hin zum Vatikan. Doch dies ist keineswegs seine ursprüngliche Absicht. Seinem Buch *Der Weg nach vorn: Die Zukunft der Informationsgesellschaft* kann man ganz klar entnehmen, daß er die Welt wirklich verändern will. Ob Bill Gates für diese Aufgabe auch der richtige Mann ist, steht auf einem anderen Blatt. Hier geht es darum, daß er seine Person und sein Kapital für eine bestimmte Idee einsetzt, vielleicht sogar für die ganz entscheidende Idee. Eine derartige Besessenheit ist den meisten Leuten unheimlich.

Damit ist das Phänomen allerdings noch lange nicht umfassend erklärt. Die Kontroverse um Bill G. ist nur ein Beispiel für Reaktionen, die Nerds in ihrer Umgebung hervorrufen können. Logisch wäre nun, die Nerds selbst, einen nach dem anderen, zu Wort kommen zu lassen. Das Problem dabei ist, daß sie ziemlich bescheiden sind und sich nur ungern mit all ihren guten und schlechten Seiten porträtieren lassen. Diese Aufgabe soll nun statt dessen dieses Buch übernehmen: Wir wollen versuchen, darin das Bild eines bewundernswerten und einzigartigen Menschenschlages zu zeichnen. Neben Bill G. werden noch viele andere Nerds Revue passieren –

eher ein zusammengewürfelter Haufen als eine homogene Gruppe. Wobei eine Eigenschaft jedoch allen Nerds gemeinsam ist: Was immer sie tun und wie unglücklich ihr Leben teilweise auch verlaufen mag – der Nerd steht felsenfest zu seiner Sache. Seine mutige Haltung in einer Welt, die von kurzsichtigem ethnischen, religiösen und sozialen Gruppenzwang geprägt ist, hat wahrhaft Respekt verdient. *Nerd is beautiful!*

1 Erste Bekanntschaft mit dem Nerd

Deutschland und der Nerd

Der Begriff *nerd* kommt aus Amerika und ist in Deutschland bisher noch relativ unbekannt. Da jedoch Europa, und damit auch Deutschland, den USA stets in vielerlei Hinsicht um Jahre hinterherhinkt, wird es angesichts der dortigen lautstarken Diskussionen um Bill Gates nicht mehr allzu lange dauern, bis auch hierzulande jeder genau weiß, was man unter einem Nerd versteht. Da sich dieses Buch als entscheidenden Beitrag zu diesem Durchbruch versteht, greifen wir der Entwicklung ein wenig vor und schreiben das Wort Nerd nicht klein und kursiv, wie es sich eigentlich für neue englische Lehnwörter gehört. Da es für Nerd kein deutsches Synonym gibt, werden wir den Begriff ohnehin früher oder später als deutsches Wort adoptieren müssen. Aufgepaßt: Nerd spricht man ungefähr so aus wie »Nörd«, phonetisch: [n ə : d].

Das Wort Nerd steht in einem eher negativen Sinn für einen Menschen mit hohem Intelligenzquotienten (IQ) und gestörtem Sozialverhalten, den so alltägliche Situationen wie ein Schwätzchen über das Wetter oder das Grüßen eines Mitmenschen völlig überfordern. Der Begriff wurde Anfang der siebziger Jahre geprägt – keineswegs zufällig zur selben Zeit wie das Aufkommen des Computers. In einem noch negativeren Sinn soll »Nerd« in den Vereinigten Staaten bereits in den sechziger Jahren für nervende und als unangepaßt betrachtete Typen gebraucht worden sein, allerdings ohne die ihnen heutzutage zugeschriebene Intelligenz. In positivem Sinne ist ein Nerd jemand, der weiß, was wirklich wichtig ist, und der sich nicht von trivialem Geschwätz und überflüssigen, lediglich der Selbstbestätigung dienenden Verhaltensweisen ablenken läßt. In dieser Bedeutung wurde der Begriff in den achtziger Jahren von den Computerfreaks der ersten Stunde (den Hackern) als Spitzname gebraucht – oft als selbstironischer Witz, aber auch als Akt der Selbstverteidigung gegen das harte Urteil der Gesellschaft. Seitdem hat sich das Wort zu einer relativ dehnbaren Bezeichnung für jeden weiterentwickelt, der anders ist und allgemein für seltsam gehalten wird, dabei aber gewisse Qualitäten aufweist. In diesem Sinne könnte das Wort »Nerd« auf lange Sicht zu einem Ersatz für »Streber«, »Pilz« und »Besserwisser« werden.

Max Goldt: Ein gutes und ein schlechtes neues Wort für Männer *(November 1997)*

Seit ich zurückdenken kann, gibt es junge Männer, die sich, statt auszugehen, abends daheim einem Steckenpferd widmen, sich von Miracoli ernähren, keine Freundin haben, darunter aber nicht groß zu leiden scheinen und hellblaue Oberhemden und Hosen mit Gürtelschlaufen, aber ohne Gürtel tragen. Eine Bezeichnung für diese Sorte Männer war mir nicht bekannt. Vor einem Jahr aber hörte ich erstmals das Wort *nerd*. Was das ist, wollte ich wissen. Ich bekam zur Antwort: »Das sind so Leute wie Bill Gates, so leicht asexuelle Männer mit Brille, die den ganzen Tag vorm Computer sitzen.« Von einer Amerikanerin erfuhr ich, daß man während ihrer High-School-Zeit vor zwanzig Jahren zuerst kein passendes Wort für diese bei den Studentinnen weniger beliebten Kommilitonen gekannt habe, aber plötzlich wäre *nerd* aufgetaucht, und alle wären für dieses dringend benötigte Wort dankbar gewesen wie für einen lang herbeigesehnten Regenschauer. In einem Wörterbuch las ich die Nebendefinition: »Person mit einem ungeselligen Hobby, z. B. *computer nerd.*« Hier muß ich hinzufügen: Auch vor dem Einzug der Elektrohirne in Privathaushalte gab es schon *nerds*. Sie beschäftigten sich mit CB-Funk und löteten. Was viele heute nicht mehr wissen: Löten war früher eine der wichtigsten Beschäftigungen außerdienstlich unterforderter Männer.

Für die Anhänger einigermaßen solider Charakterisierungen nun einige Allgemeinheiten über *nerds*: Sie haben eine sogenannte *Bettfrisur*, d. h. irgendwie plattgelegene Haare, auch abends, und geschnitten werden die Haare nur drei- oder viermal im Jahr, aber eher von einer Freundin der Mutter als von einer Fachkraft. Sie haben ein Abo für eine komische Fachzeitschrift, und sollte diese mal nicht pünktlich kommen, e-mailen sie sofort eine Beschwerde. *Nerds* haben verschleppte Hautkrankheiten, insbesondere den *Oberkörperpilz*, der immer wiederkommt. *Nerds* besitzen evtl. sogar mehrere übereinanderliegende Hautkrankheiten, die aber alle harmlos sind und sich, wer weiß, gar in wunderbarer Weise ergänzen. Sie pflegen sich mit Deo-Sticks, Spucke und Elektrorasierern, wovon letzteres von manchen *nonnerds* als etwas unmännlich empfunden wird, was aber dünkelhaft ist. Obwohl *nerds* durchaus nicht unbedingt dicklich oder häßlich sein müssen, es gibt auch naturgegebene Schönheit unter ihnen, lassen sie sich nicht gern fotografieren, es sei denn mit dem Baby ihrer Schwester im Arm. Zu ihrer Familie haben sie überhaupt ein gutes Verhältnis, aber daran, eine eigene zu gründen, denken sie erst spät. Ihr bester Freund stammt noch aus der Schulzeit. Treue Seelen sind sie wahrlich.

Auf dem Kleiderschrank liegen Kartons von Elektrogeräten. Sie essen Tiefkühlpizzen und zu feierlichen Anlässen auch welche vom Bringdienst. Politisch gibt es sie in jeglicher Schattierung, doch gastronomisch neigen sie zum Ultrakonservativen.

Morgens gibt's Toast mit Marmelade, aber Erdbeermarmelade muß es sein, sowie holländischen Klotzkäse, den sie sich im Geschäft schon in Scheiben schneiden lassen. Ausprobiert wird nie etwas. Schon Appenzeller Käse oder Pecan-Nüsse wären zu exotisch für einen *nerd*. Sein Lieblingskäse ist theoretisch der Leerdamer. Hat ja auch einen okayen, gewohnheitshalber »nussig« genannten Geschmack, das okaye Produkt. Problem: *Nerds* wissen nicht, daß es Leerdamer gibt, sind sie doch seit jeher mit Gouda, jung (100g / –,99), Edamer (100g manchmal sogar nur –,89) und Tilsiter (100g / gratis) so durch und durch zufrieden.

(...)

Nerds haben sehr große Schlüsselbünde und sehr kleine Kaffeemaschinen, meist diejenige der Firma Severin für DM 29,90. Am Schlüsselbund ist mindestens ein Schlüssel, von dem nicht mehr bekannt ist, zu welchem Schloß er gehört. Für Musik haben sie keinen Sinn, manche aber lieben deutschsprachigen Punk, und die meisten halten Bob Dylan für einen großartigen Songwriter. Viele besitzen einen Ordner, in welchem sie aus dem Internet ausgedruckte Set Lists sämtlicher Dylan-Konzerte der letzten Jahre haben. Mag sein, daß das Desinteresse des *nerds* am Erlesenen und Verfeinerten etwas fad ist, doch ist er im großen und ganzen ein menschlich recht Guter. Wohl dem, der einen *nerd* kennt, wenn er in Nöten ist. Wenn man einen Wasserhahn hat, aus dem zu wenig Wasser kommt, dann schraubt der *nerd* vom Wasserhahn das ab, was beim Mann die Eichel wäre und sagt: *»Der Perlator ist versalzt.* Hättest du das nicht selber herausfinden können?« – »Ich wußte gar nicht, daß man beim Wasserhahn die Eichelentsprechung abschrauben kann, und nach was für Nüssen, for heaven's sake, schmeckt denn bitteschön Leerdamer. Es gibt doch keine Nüsse, die nach Käse schmecken«, spricht darauf der *non-nerd*. Hat eine Frau einen schlechten Mann, dann ist es gut um sie bestellt, wenn sie einen *nerd* zum Bruder hat, an dessen Brust – fuck the Oberkörperpilz – sie sich ausweinen kann. Zwar ist die Hauptdefinition des Wortes *nerd* laut Wörterbuch »Dummkopf«, aber das ist veraltet. Heute ist es eine nicht wertende Bezeichnung für die soeben umrissene Art von Mann. In seiner Anspruchslosigkeit und Unverzicktheit ist der *nerd* ein liebenswerter Mitbewerber um die Gunst von Gegenwart und Himmel. Aber Aufmerksamkeit ist angebracht: Es gibt auch öde Szenetypen, die sich lediglich eines *nerd looks* bedienen, um edelstubenhockerisch angekränkelt zu erscheinen und so Mädchen zu fangen, die sich gern an mit falbem Leder bespannte Knochen schmiegen. Solche gibt's! Doch prüfe man von Fall zu Fall und verdamme nicht unbedacht jeden Versuch einer Neuformulierung von Eleganz.

Geeks, spods, weenies, wannabees und propeller-heads

Während das Wort Nerd in Deutschland, wie gesagt, bisher so gut wie unbekannt war, existieren in der angelsächsischen Welt bereits zahllose weitere Bezeichnungen für nerd-ähnliche Figuren. So bekam der Computer-Nerd rasch Gesellschaft vom Computer-*geek* oder einfach *geek*. Der *geek*, der sich von *bugs* (Viren, Computerfehlern) und Bytes ernährt, steht für das extreme Stereotyp des Computerfanatikers. *Geek* ist, ebenso wie Nerd, seit ein paar Jahren als ehrenvoller Spitzname gebräuchlich geworden. Einen negativen Beiklang findet man in Bezeichnungen wie *spod, weenie, twink, wannabee, terminal junkie* und *propeller-head* wieder. In England beispielsweise ist *spod* ein populäres Schimpfwort – es handelt sich um eine niedere Lebensform (vergleichbar mit einer Amöbe), die hinter dem Computer lebt und nur durch diesen kommuniziert, sofern er oder sie überhaupt kommuniziert. Besonders nervend am *spod* ist, daß er nicht wirklich etwas von Computern versteht, ihren Gebrauch jedoch als sein natürliches Recht betrachtet. Dadurch bereitet der *spod* zusammen mit seinen *wannabee*-Kollegen dem echten Computer-*geek* eine Menge Probleme. Zwischen anderen, ähnlichen Bezeichnungen fällt, seiner Herkunft wegen, der *propeller-head* auf. Dieses soundsovielte nicht besonders freundliche Synonym für *geek* stammt von den Kappen mit kleinen Propellern darauf, die als typisch für Science-fiction-Fanatiker gelten.

Anoraks

Besondere Aufmerksamkeit verdient der *anorak*, der britisch-irische Verwandte des Nerd. Die Homepages der *anoraks* erkennt man üblicherweise an der Abkürzung UK in der Internet-Adresse. Ihr Spitzname stammt vom gleichnamigen Kleidungsstück, einer wattierten Jacke oder einem Parka mit Kapuze. *Anorak* war ursprünglich die Bezeichnung für jemanden, der sich mit *trainspotting* und vergleichbaren Freizeitbeschäftigungen vergnügt, bei denen eine zünftige Kapuzenjacke von Vorteil ist. Ebenso wie Nerd wurde *anorak* zunächst als Spitzname für Computerfreaks in England und Irland benutzt. Dann wurde der Begriff als Bezeichnung für und bei Leuten üblich, die entweder sich selbst als anders betrachten oder von anderen als sonderbar angesehen werden. Im Laufe der Jahre wurde der *anorak* dem Nerd immer ähnlicher, wobei der *anorak* allerdings gewisse typisch britische Eigenarten beibehalten hat. Beispielsweise legt er einen gewissen Fatalismus an den Tag, nach dem Motto: Wir halten durch, obwohl die Welt jeden Moment untergehen kann. Nerds betrachten *Star Trek* als Zeitvertreib, *anoraks* dagegen als Beispiel für eine bessere Welt. Obwohl er zur Familie gehört, möchte der *anorak* lieber nicht in einem Atemzug mit dem Nerd genannt werden.

Emanzipation: Nerd Pride

In Amerika legen Nerds ein neues Selbstbewußtsein an den Tag und lehnen sich gegen (vor allem an Schulen verbreitete) physische und verbale Schikanen auf. Zu diesem Zweck wurden mittlerweile diverse Bewegungen gegründet, die, ganz nach Art des Nerd, meist auf der Initiative einzelner Sonderlinge beruhen. Seit Beginn der neunziger Jahre kämpft beispielsweise die politische Einmannbewegung »Nerd Liberation Movement« für »Leute, die schlau sind und keine Angst haben, es laut zu sagen«. Der Gründer der Bewegung, Marc Perkel, gibt die Online-Zeitschrift *Thinking Magazine* heraus, besitzt eine kleine Computerfirma und ist der Prototyp des neuen, selbstbewußten Nerds. Im Vorwort der ersten Nummer des *Thinking Magazine* schreibt er:»Ich habe schon immer gewußt, daß ich schlauer bin als andere. Inzwischen habe ich gelernt, auch offen dazu zu stehen.«

Die Stimmen aus dem Kreise der Wissenschaft klingen etwas gedämpfter, haben jedoch im Prinzip denselben Tenor:»Uns reicht's jetzt, piesackt gefälligst andere!« 1994 wurde nach dem Beispiel der Schwulenbewegung *Gay Pride* »The Nerd Pride Movement« gegründet. Ins Leben gerufen wurde die Bewegung von den Hacker Professoren Gerald Sussman und Hal Abelson vom MIT (Massachusetts Institute of Technology), von jeher eine Brutstätte von Nerds. (Einige der Insektenrezepte in diesem Buch stammen dorther.) Sussman erklärte der *New York Times* (29. August 1994):»Ich möchte den Kindern beibringen, daß es gut ist, intellektuell zu sein, und daß sie sich nichts aus dem gesellschaftlichen Druck machen sollen, der nur darauf abzielt, daß sie Dummköpfe bleiben. Ich möchte erreichen, daß jedes Kind ein Nerd ist, das heißt ein Mensch, der Lernen und Bildung dem Kampf um eine soziale Machtposition vorzieht.«

»Nerd Pride« kann bereits ansehnliche Resultate verbuchen. Vernünftige Leute geben mittlerweile wohl oder übel zu, daß Nerds Respekt verdienen. Andererseits fühlen sich verstockte Nerd-Hasser und notorische Dummköpfe durch »Nerd Pride« provoziert, und neuer Spott und Lästereien sind die Folge. Die Gründung immer radikalerer Bewegungen wie etwa der »Nerds Revolutionary Front« ist nur ein Indiz dafür, daß sich die Fronten allmählich verhärten.

Rezept: Mehlwurmkuchen
(für den Nerd-Geburtstag)

Man nehme:
2 Tassen Mehl
1 Tasse Kristallzucker
1 Teelöffel Salz
1 Teelöffel Backpulver
1/2 Teelöffel Nelken
1/2 Teelöffel Zimt
1/2 Tasse Öl, Butter oder Margarine
1/2 Tasse braunen Zucker
1 Tasse Sahne
3 Eier
200 Gramm gehackte Mehlwürmer

Die ersten sechs Zutaten in eine Schüssel geben und vermengen. Fügen Sie danach das Öl, den braunen Zucker und
die Sahne hinzu. Das Ganze mit einem elektrischen Hand-
rührgerät zwei Minuten lang zu einem glatten Teig rühren.
Danach die Eier hineinschlagen und den Teig nochmals zwei
Minuten lang gut durchrühren. Heben Sie dann die Mehlwürmer unter. In einer leicht gefetteten Kuchenform im
vorgeheizten Ofen 30 Minuten backen.

Das Nerd-Syndrom

»Nerd Pride« hat den Nebeneffekt, daß der Begriff »Nerd« gelegentlich auf unerquickliche Art ins Rampenlicht gerückt wird. Manche Leute meinen offenbar, beim Nerdtum handle es sich um eine Art Tabu, das unbedingt gebrochen werden müsse. Sie glauben, der Nerd sei erst dann ein vollwertiger Mensch, wenn er sein *coming out* hinter sich habe. Im Internet trifft man regelmäßig auf Leute, die krampfhaft darauf verweisen, ein Nerd zu sein *(I am a SuperNerd!!)*, angesichts des mittelmäßigen Inhalts ihrer Homepages jedoch nicht wirklich Anspruch darauf erheben können. Der Psychologe Gary E. Dudley bezeichnete das Nerdtum sogar als Krankheit. Er beschreibt das Krankheitsbild bei Kindern als allgemein »lästiges Verhalten«, zu dem er unter anderem Zerstreutheit, nervöses Herumhampeln und ungeschickte Bemerkungen zählt. Dieses Verhalten des Kindes provoziere eine negative Haltung seiner Umgebung, die sich in Piesacken und unvermeidlichen Spottnamen wie Nerd, *geek* und *dweeb* äußert. Die angebliche Nerd-Krankheit wird allgemein als ADD-Syndrom bezeichnet (ADD: Attention Deficit Order). Dudleys Behandlungsmethode besteht im Verabreichen von Medikamenten, die unter anderem die Koordinationsfähigkeit des Kindes fördern sollen. Doch auch ohne Behandlung können sich die Patienten zu halbwegs normalen Erwachsenen entwickeln, so Dudley, und mit einiger Unterstützung kann es dem erwachsenen ADD-Kranken sogar gelingen, bei seiner Arbeit eine gewisse Produktivität zu entfalten.

Sowohl die »Nerd-Pride«-Bewegung als auch der jugendpsychologische Ansatz wirken in ihrer Art typisch amerikanisch und riechen nach Stimmungsmache. Das Ganze hat jedoch einen gewissen Nutzen, was die Anerkennung der Nerd-typischen Qualitäten angeht. Zunächst hatte es allerdings lediglich zur Folge, daß die kommerzielle Verwertbarkeit des »Konzeptes« bzw. der Zielgruppe Nerd abgesteckt wurde – »Nerd« als Verkaufsargument. Dabei ist

NerdWorld im Internet nichts anderes als eine stinknormale Such-maschine mit nur angeblich »tollen« Links, und die Mitglieder einer amerikanischen Band meinen, sich *The Nerds* nennen zu dürfen, nur weil sie dicke Brillen aufsetzen (siehe Kapitel »Nerd-Songs, Nerd-Bands und Musiktips«). Bei der Firma *The Nerds* handelt es sich um nichts anderes als einen durchschnittlichen Computerberatungs- und -reparaturbetrieb, *Power Nerds Brewery* ist nichts weiter als eine Marke für ganz gewöhnliches Bier, und auch die Konsultation eines Dr. Dudley ist gewiß nicht gratis. Das alles hat natürlich nichts mit dem echten Nerd zu tun.

Porträt: Der schlaue Nerd
(Jean Pütz, Ulf Merbold u. a.)

Einige Nerds haben es geschafft, ihre Eigentümlichkeiten so in Vor-teile zu verwandeln, daß sie zu (partiellem) Ansehen kamen – sei es im Fernsehen, sei es in der praktisch angewandten Wissenschaft. In Deutschland beispielsweise erfreut *Jean Pütz*, der WDR-Mann mit dem wunderlichen Schnauzbart, dem onkelhaften Charme und der possierlichen Ankündigung »Wir haben da etwas vorbereitet«, die wissensdurstigen Fernsehzuschauer mit seiner »Hobbythek«, während *Ulf Merbold* als Astronaut Furore machte und einer der wenigen Deutschen im Weltall war. Unter Raumfahrern haben die Nerds vermutlich eine klare absolute Mehrheit, denn man muß wohl fast zwangsläufig ein Nerd sein, um jahrzehntelang auf ein Ziel, den Raumflug, hinzuarbeiten, das man nur mit viel Glück und Zufall überhaupt erreichen kann – und um dann nicht etwa das zu tun, was wohl jeder normale Mensch täte, nämlich den ganzen Raumflug lang den traumhaften Blick auf die Erde zu genießen, sondern statt dessen Instrumente abzulesen und Experimente mit Froschviren zu veranstalten.

Auch in den Niederlanden gibt es ein entsprechendes Paar: den

Fernsehmoderator *Chriet Titulaer* und den Astronauten *Wubbo Ockels*. Die Parallelen sind verblüffend – selbst die Vorliebe der Nerd-Eltern für wunderliche Vornamen (die vermutlich ihren Anteil an der Ausprägung der Nerd-Anlagen haben) finden sich hier wie dort wieder:

Man würde gern mal ein Wörtchen mit den Eltern reden, die ihr Kind mit dem Vornamen »Chriet« ins Leben schicken. Als sei Titulaer nicht schon schlimm genug! Überdies hätte jemand rechtzeitig eingreifen sollen, als sich der Junge im Laufe der Jahre eine äußerst merkwürdige Sprechweise angewöhnte und sich dazu später einen noch seltsameren Bart stehen ließ. Man muß es Chriet wirklich hoch anrechnen, daß er nicht emigrierte oder in die Anonymität flüchtete. Nein, dieser schlaue Nerd beschloß, seine Schwächen in Stärken zu verwandeln. Als Zwerg mit komischer Stimme und starkem Limburger Akzent wurde er eine Art Markenzeichen. In dieser Hinsicht ähnelt Chriet Titulaer stark seinem Nerd-Kollegen Wubbo Ockels (Prof. Dr. W. J. Ockels), der instinktiv den einzigen Beruf wählte, der zu seinem seltsamen Namen paßte: Raumfahrer. Nicht zufällig sollten sich die Pfade dieser beiden Nerds regelmäßig kreuzen.

Chriet (Hout-Blericker Dialekt für Christiaan) studierte Mathematik und Naturwissenschaften und spezialisierte sich auf Astronomie. Er arbeitete eine Zeitlang in der Pariser Sternwarte und nahm an einem amerikanischen Weltraumforschungsprojekt teil. Berühmt wurde Chriet Titulaer durch seine Fernsehsendungen über Raumfahrt und Technik, vor allem *De Wondere Wereld* (Wundersame Welt), in der er technische Tricks und praktische Erfindungen präsentierte. Der Höhepunkt war jedesmal das Ende der Sendung, wenn Chriet – wie immer mit weit aufgerissenen Augen vor Verwunderung über das Vorangegangene – mit den Worten schloß: »Bis zum nächsten Mal in der Wuundersamen Wäält.« Sein auffälliger Bart (»als hätte ein Magnet an seinem Kinn Eisenspäne angezogen«, schrieb eine Zeitung), seine Stimme und die merkwürdige Aussprache von Fremdwörtern (eine Kombination aus Limburger Dialekt und Englisch) waren jahrelang ein Synonym für Populärwissenschaft in den Niederlanden. Chriet brachte die Technik unters Volk.

Nerds haben allerdings durchweg Probleme mit dem Erfolg ($\rightarrow$ Gerd Postel, Michael Jackson, Matthias Rust). Sie neigen dazu, ihr Können zu überschätzen, und treten aufgrund dessen unweigerlich ins Fettnäpfchen. Chriet fiel unangenehm auf, als er ein an sich lobenswertes Projekt in Angriff nahm, das der Raumfahrt mehr Aufmerksamkeit bescheren sollte. Im Oktober und November 1985 war Wubbo Ockels als erster niederländischer Astronaut im Spaceshuttle »Challenger« mitgeflogen (das übrigens im Jahr darauf explodierte), und Chriet hatte sich etwas Tolles ausgedacht, um den Stolz des Vaterlandes angemessen zum Ausdruck zu bringen. 1986 wurde am Turm des Utrechter Doms ein Spaceshuttlemodell im Originalmaßstab angebracht. An der anderen Außenmauer wurde ein Lift installiert, der die Besucher auf den jahrhundertealten Turm brachte. Mit moderner Technik könne man eben alles erreichen, sollte die Botschaft lauten. Eines Tages, als ein paar Besucher mit dem Lift hinauffuhren, stieg die Kabine zunächst bis auf 90 Meter Höhe, stockte dann aber und begann, im freien Fall nach unten zu rasen. Wie durch ein Wunder blieb sie auf halbem Wege hängen, und die erschrockenen Besucher mußten an einem Seil entlang bis zu einem Hubsteiger klettern. Die Geschichte kam in die Zeitung, und die Ausstellung wurde zu einem finanziellen Debakel. Kurze Zeit später machte Wubbo Ockels erneut von sich reden, diesmal allerdings als Bruchpilot. Wubbo ist begeisterter Sportflieger, hat aber – schließlich ist er der erste niederländische Astronaut – keine große Lust, sich an die Regeln auf Flugplätzen zu halten. Einmal stieg er versehentlich mit einem Betonanker am linken Flügel auf, wodurch er nur im Kreis herumfliegen konnte. Ein anderes Mal landete Wubbo einfach ohne Landeerlaubnis, worauf ein hinter ihm einfliegender Airbus mit dem Landegestell den Flügel seines Flugzeugs streifte und die Kabine abrasierte. Das Auffällige an Nerds wie Chriet und Wubbo ist jedoch, daß sie solche Katastrophen scheinbar mühelos überleben. Wubbo kletterte jedenfalls unverletzt unter dem Airbus hervor, und Chriet präsentiert jedes Jahr neue hochfliegende Pläne. In den letzten Jahren kreierte er futuro-technische Dekors im Haus der Zukunft in Rosmalen sowie im Institut für Zukunftsplanung. Im Internet sind sowohl Chriet als auch Wubbo mittlerweile zu berühmt-berüchtigten Nerd-Persönlichkeiten geworden.

Weibliche Nerds

Weibliche Nerds stellen uns vor ein gewisses Definitionsproblem. Obwohl vollkommen klar ist, daß das Nerdtum gleichmäßig auf beide Geschlechter verteilt ist, ist es sehr schwer, die Nerds unter den Frauen auszumachen. Ganz kompliziert wird es, wenn man ihre Spuren in der Vergangenheit sucht. Kandidatinnen können wir nur aus der begrenzten Anzahl von Frauen auswählen, die es überhaupt in die – meist von Männern geschriebenen – Geschichtsbücher geschafft haben. Darüber, ob die Amazonen (ein weiblicher, kriegerischer Reiterstamm mit nur einer Brust) Nerds waren, können wir beispielsweise nur mutmaßen, und auch in bezug auf Johanna die Wahnsinnige (die Mutter Karls V.), Päpstin Johanna, Zarin Katharina die Große und Johanna von Orléans können wir nur Spekulationen anstellen. Strenggenommen ist ihr Nerdtum jedoch im nachhinein unmöglich festzustellen. Für die Moderne besteht dasselbe Problem, was zu einer überwiegend aus Männern bestehenden Liste berühmter Nerds von damals und heute geführt hat.

Auf der Suche nach einer Erklärung landen wir schnell bei der Biologie und der Soziologie. Jahrtausendelang zur Versorgung der Nachkommen und der Führung des Haushalts verurteilt, neigen weibliche Nerds – sogar noch heute, an der Schwelle zum 21. Jahrhundert – dazu, sich bis zur Anonymität anzupassen. Extravagantes Verhalten ist und bleibt ganz offensichtlich eine Domäne der Männer. Außerdem sind Frauen nicht so leicht anfällig dafür, ihr Äußeres zu vernachlässigen und sich damit aus dem sexuellen Selektionsprozeß hinauszukatapultieren (siehe Kapitel »Das Problem mit der Fortpflanzung: Der Nerd und die Biologie«). Dadurch scheint es auf den ersten Blick, als gebe es nur männliche Nerds. Doch wenn man an seine Schulzeit zurückdenkt, wird sich jeder auch an das Nerd-Mädchen erinnern, das ganz vorne in der Klasse allein an seinem Pult saß, karierte Röcke und eine auf einem Auge blinde Kinderbrille trug, etwas merkwürdig roch und immer seine Schularbeiten gemacht hatte.

Der Arbeitsmarkt läßt für die Zukunft auf Besseres hoffen. Frauen drängen, auch in Deutschland, in großer Zahl in typische Nerd-Berufe wie Programmierer oder Manager vor, und immer mehr Frauen überwinden die althergebrachten Konventionen, wie man an Popstars wie Alanis Morrisette, Sheryl Crow und Björk sehen kann. Auch Rita Süssmuth (CDU), nicht zufällig vor ihrer Politik-Karriere als Professorin tätig, trägt mit ihrer merkwürdigen Sprechweise, der Brille und der Frisur durchaus nerdhafte Züge, wie auch ihre grüne Kollegin Christa Nickels. Der Prototyp der modernen Nerd-Frau – nämlich wundersam bebrillt und verschroben gekleidet, ehrgeizig, schon früh erfolgreich und dank mangelhafter Begabung zur Kommunikation beteiligt an der Wahlniederlage ihres politischen Ziehvaters Helmut Kohl – war allerdings die frühere Familienministerin *Claudia Nolte*. Auch wenn ihre große Zeit dann schon wieder vorbei sein wird – die Chancen stehen gut, daß der Bill Gates der Zukunft eine Frau sein wird.

Nerd-Mode und -Kosmetik

Nerds gehen nicht mit der Mode. Sie haben Besseres zu tun: nachts Eulen zählen, GUIs (Graphical User Interface) entwerfen, das Kursbuch auswendig lernen oder fossile Mäusezähne studieren. Seltsamerweise scheint jeder zu wissen, wie Nerds aussehen. Die Medien z. B. zeigen Nerds klischeehaft als magere, verpickelte Jünglinge, am liebsten mit ausweichendem oder unglücklichem Blick, und in den Büros macht man Witze über Nerd-Mode: Hochwasserhosen, das Hemd bis ganz oben (und manchmal schief) zugeknöpft, dazu Gesundheitsschuhe (großer Favorit: Weiße Turnschuhe und Birkenstock-Sandalen). Büro-Nerds sollen außerdem große Ähnlichkeit mit der Comicfigur Dilbert aufweisen. Neben einer großrahmigen Brille trägt Dilbert so viele Stifte wie möglich in der Brusttasche und einen Schlips, der so verknittert ist, daß das untere Ende nach oben zeigt. Amerikanische Nerds scheinen außerdem notorische Träger von taschenschonenden Schlüsseletuis (*pocketprotectors*) zu sein, und ein echter *geek* trägt stets ein T-Shirt mit dem aufgedruckten Logo eines Softwarehauses. Deutsche *geeks* dagegen tragen gern Pullunder, also Pullover ohne Ärmel mit V-Ausschnitt. Ferner machen allerlei Geschichten über die Auswirkungen mangelhafter Hygiene die Runde: fettige Haare, glänzende Stirn, braune Zähne, Schweißflecken und ein strenger Geruch. Außerdem ist man sich allgemein darüber einig, daß Nerds komisch und abgehackt sprechen und sich bewegen (was möglicherweise einer der Gründe dafür ist, daß Japaner im Westen einfach nicht ernst genommen werden).

Das Äußere des Nerd ist in erster Linie ein Problem der anderen. Es fängt in der Schule an, wo die beliebten Jungen und Mädchen sich beim Anschaffen von Kleidung gegenseitig übertrumpfen. Die Angst der Jungen, anders zu sein und schlimmstenfalls sogar als »schwul« beschimpft zu werden, äußert sich in breitbeinigem Gang und dem finsteren Blick eines Neandertalers. Die ganze

Bande arbeitet fieberhaft daran, Pickel auszudrücken oder zuzuspachteln und Haut und Haar zu entfetten. Nicht so der Nerd. Frei von dieser Art Sorgen, tragen Nerds, was sie im Schrank finden oder was ihre Mutter ihnen rauslegt. Sie lassen wachsen, was wächst, und die Füße setzen sie dorthin, wo der liebe Gott es geplant hat: nebeneinander. Nicht umsonst werden Adam und Eva im Paradies zum Zeichen ihrer Unschuld oft mit geschlossenen Füßen abgebildet. Wenn sie älter werden, äußert sich die Gleichgültigkeit der Nerds gegenüber gesellschaftlichen Vorurteilen in subtilen Details: Sandalen zum Anzug, eine schief zugeknöpfte Bluse oder ein lila Oberteil zum grünen Rock.

Die Sanftmut des Nerd

Nerds werden ganz wesentlich von ihrer Umgebung geprägt: Das Johlen der Klasse und ihr Außenseiterdasein machen sie zu dem, was sie sind. Ab einem gewissen Punkt jedoch fangen Nerds an, ihr Schicksal – und damit ihr Nerdtum – selbst in die Hand zu nehmen. Ein Beispiel: 1923 unternimmt ein gescheiterter Wiener Künstler einen tolpatschigen Staatsstreich, der natürlich fehlschlägt. Im Gefängnis hat er genügend Zeit, seine verworrenen Ideen zu Papier zu bringen. Das Buch, das dabei herauskommt, dient vor allem als Kompensation für den Frust über seine geringe Körpergröße. Kurzum: ein reinrassiger Nerd, ohne jeden Zweifel. Doch einmal wieder auf freiem Fuß, geschieht etwas, was bei Nerds öfter vorkommt: Ihr Lebensschicksal gerät in den Strudel der Geschichte. Das Buch des Kriegsveteranen, das in jedem anderen Land und zu jedem anderen Zeitpunkt ein Ladenhüter geworden wäre, wird massenhaft verkauft, und zu allem Überfluß verschlägt es den Autor auch noch in die Politik. Der Künstler gewinnt Wahl um Wahl und wird der unumstrittene Führer seines Landes. Und von dem Moment an, als Adolf Hitler die Chance bekommt, seine spin-

Rezept: Banane mit Salatmayonnaise

Man nehme:
1 Banane
Salatmayonnaise

Zubereitungszeit: ca. 51 Minuten

Weichen Sie eine halbreife Banane eine Viertelstunde lang
in lauwarmem Wasser ein.
Braten Sie die Banane drei Minuten auf jeder Seite an.
Fügen Sie ein halbes Glas Salatmayonnaise hinzu (aufge-
paßt: die Salatmayonnaise darf nicht mehr als 1,98 DM
kosten).
Lassen Sie das Ganze eine halbe Stunde lang abkühlen.
Das Gericht – so schnell wie möglich – aus der Pfanne essen.

nerten Ideen in die Tat umzusetzen, ist die Katastrophe nicht mehr aufzuhalten.

Allerdings hätte die Geschichte doch noch einen ganz anderen Verlauf nehmen können, denn ein paar Jahre nach der Machtergreifung bekommt der Künstler einen Wink mit dem Zaunpfahl. Im Film *Der große Diktator* (1938) hält Charles Chaplin diesem Hitler einen Spiegel vor. Er zeigt der Welt den wahren Gröfaz: einen emporgekommenen Nerd, der in seinem Riesenbüro mit einem aufblasbaren Globus spielt. Im Film nimmt ein armer Friseur (Chaplin in einer Doppelrolle) den Platz des Diktators ein und verhindert den drohenden Krieg. Jeder, der auch nur den Keim eines Nerds in sich trägt, hätte diesen Wink sofort verstanden. Der Exkünstler hätte sich in einem Anflug von geistiger Klarheit aus der Politik zurückziehen und fortan seinen Lebensunterhalt als Festredner auf Kongressen und Versammlungen verdienen können. Vor irgendwelchen Wahlen wäre er dann und wann im Fernsehen aufgetreten, immer gut für den einen oder anderen weltfremden Spruch. Doch leider wissen wir ja, wie es statt dessen gekommen ist. Hitler schlug den falschen Weg ein und verspielte damit für immer sein Recht auf ewiges Nerdtum. Nerds meinen es nämlich im Prinzip gut mit den Menschen. Zwar richten sie gelegentlich einigen Schaden an (→Joseph Luns, Heinrich Lübke, Horst Herold), doch meist bleibt es glücklicherweise bei recht unschuldigen, irrtümlichen Tritten ins Fettnäpfchen: wie fast alle in diesem Buch vorgestellten lebenden und verstorbenen Nerds belegen.

2 Heureka!
Berühmte Nerds in der Geschichte

Die ersten Nerds

Die ersten Nerds hatten keine großen Überlebenschancen. In der Jäger-und-Sammler-Gesellschaft unserer Vorfahren galten schlechte Augen und mangelhaftes Koordinationsvermögen nicht unbedingt als ideale Voraussetzungen für – beispielsweise – die Mammutjagd. Nerds und andere Außenseiter wurden vermutlich eiszeitenlang von ihrem Stamm umgebracht, sobald sie begannen, der Allgemeinheit zur Last zu fallen. Den ersten Nerd, der diesem Schicksal entging, entdecken wir in einer Grotte oder Höhle, wo er sich mit Aufgaben wie dem Anfertigen von Waffen und Kleidung nützlich macht. In müßigen Momenten malt er Bilder von dem Leben auf die Wände, das ihm verschlossen bleibt: seine Stammes-brüder bei der Jagd auf große Säugetiere. (Damit ist auch erklärt, warum diese Tierzeichnungen so wenig naturgetreu aussehen: Die Zeichner durften nicht mit raus, sie ansehen.)

Bis zur Entstehung unserer modernen Zivilisation kostete ihr Mangel an gewissen überlebensnotwendigen Eigenschaften die meisten Nerds das Leben. Im Altertum treffen wir Nerds nur in solchen Zeiten an, in denen es genug zu essen gab und eine gewisse Ruhe herrschte. Diese Perioden werden nicht umsonst als »zivili-siert« bezeichnet. So brachte etwa die Blütezeit des Hellenismus diverse Nerds hervor, darunter →Archimedes (siehe unten). Sogar ein echter Sonderling wie Diogenes (412–323 v. Chr.) wurde akzep-tiert. Dieser korinthische Philosoph lief am hellichten Tag mit einer Lampe auf der Straße herum und rief dabei lauthals: »Zeigt mir einen aufrechten Menschen!« Der Überlieferung zufolge wohnte er in einer Tonne. Eines Tages kam der örtliche Tyrann bei ihm vorbei und erklärte ihm, er habe einen Wunsch frei. Der Philosoph blickte ihn nur freundlich an und sagte: »Geh mir aus der Sonne« – eine Antwort, die er ein paar Jahrhunderte früher oder später mit dem Tode hätte büßen müssen. Doch auch bei den alten Griechen hatten die Nerds keinen unbeschränkten Kredit. Der einsame Denker Sokrates (469–399 v. Chr.) hatte lange Zeit eine einzigartige Position zwischen den Stühlen inne: geliebt und verhaßt zugleich. Nachdem jedoch Athen 404 v. Chr. den Krieg gegen Sparta verloren hatte, richtete sich die Wut und Enttäuschung des Volkes gegen seine Person. Sokrates wurde beschuldigt, »die Jugend zu verderben«, und schließlich zum Leeren des Schierlingsbechers verurteilt. Freunde verhalfen ihm daraufhin zur Flucht aus dem Gefängnis. Doch eigensinnig wie Nerds nun einmal sind, beharrte er auf der Vollstreckung des Urteils.

Nach dem Untergang des des antiken Griechenland und des Römischen Reichs folgten schwere Zeiten für den Nerd. Insbesondere Nerds von niederer Herkunft haben es in diesen finsteren Jahrhunderten wahrscheinlich bestenfalls zu Jahrmarktsmusikanten oder Hofnarren gebracht. Weniger glückliche Eigenbrötler endeten als Märtyrer oder landeten auf dem Scheiterhaufen. Vor allem weibliche Nerds hatten es schwer. Anders als männlichen Nerds war ihnen die Zuflucht in die relative Geborgenheit kirchlicher Ämter versagt – obwohl es tatsächlich einmal eine Frau bis auf den Heiligen Stuhl schaffte (Päpstin Johanna), wenn auch als Mann verkleidet. Nachdem man sie entlarvt hatte, erging es ihr jedoch schlecht. Politische oder militärische Ambitionen bei Frauen wurden sowieso gnadenlos bestraft, wie man am Schicksal der Johanna von Orléans (1412–1431) sieht. Ob apokryph oder nicht: eine gewisse Ruthie (ruthie@albion.u-net.com) führt den Begriff anorak übrigens tatsächlich zurück auf das Leiden von Nerd-Frauen im (späten) Mittelalter. Eine gewisse Ann of the Rack (rack = Folterbank) erfand im 14. Jahrhundert eine Jacke mit Kapuze. Weil sie als einzige im Regen trockene Haare behielt, wurde sie der Hexerei bezichtigt. Nach ihrer Exekution erkannten ihre Folterer jedoch den Nutzen der Jacke, und so soll das Kleidungsstück schließlich nach ihr benannt worden sein.

Die wenigen Nerds, die in diesen finsteren Jahrhunderten im Rampenlicht standen, waren allesamt von mächtigen Schutzherren abhängig. Da sie schlauer als ihre Zeitgenossen und ihrer Zeit weit voraus waren, blieben sie jedoch trotzdem die typischen Sündenböcke für Mißernten und den Schwarzen Tod. Der italienische Gelehrte Galileo Galilei (1564–1642) hatte es nur seinen guten Beziehungen zu verdanken, daß er von der Inquisition zu nichts Schlimmerem als Hausarrest verurteilt wurde. Er hatte es gewagt, die Theorie des polnischen Astronomen Kopernikus (1473–1543) zu verfechten, die besagt, daß sich die Erde um die Sonne dreht und nicht umgekehrt. Bei anderen Nerds muß man im nachhinein feststellen, daß sie dem Tod wahrscheinlich nur knapp von der Schippe gesprungen sind. Leonardo da Vinci (→ unten) etwa war zu Lebzeiten ein berühmter Maler und Architekt. In den Skizzenbüchern, die er hinterließ, fand man jedoch auch die technischen Entwürfe eines Maschinengewehrs und eines Helikopters. (Eines dieser Original-Skizzenbücher wurde übrigens unlängst bezeichnenderweise von Bill Gates erworben!) Es ist unwahrscheinlich, daß seine Zeitgenossen, insbesondere der Klerus, verständnisvoll reagiert hätten, wenn er diese Apparate auch tatsächlich gebaut hätte. Noch in diesem Jahrhundert sind schließlich Fälle bekannt geworden, in denen Ballonfahrer von erschrockenen Bauern mit Mistforken und Heugabeln verfolgt wurden.

Porträt: Der Ur-Nerd (Archimedes)

Der Bildhauer, der die an sich ganz gewöhnliche griechische Büste einst anfertigte, konnte nicht verhindern, daß der Kopf mit dem getrimmten Bart als der eines Fanatikers erkennbar blieb. Mund und Kinn unter dem Bart beispielsweise sind besonders breit, und in Höhe der Oberlippe ist das Gesicht ein wenig eingedrückt: der Gesichtsausdruck eines Menschen, der den größten Teil seines Lebens in tiefer Konzentration verbringt. Es ist fast schon Blasphemie, *Archimedes* (ca. 287–212 v. Chr.) hier als Nerd aufzuführen, ihn, der zweitausend Jahre, bevor dieses Wort überhaupt erfunden wurde, gelebt hat. Schließlich gilt er als einer der größten Wissenschaftler aller Zeiten. Trotzdem kommt man nicht umhin zuzugeben, daß er ein Nerd gewesen sein muß, und zwar im Leben wie im Tode.

Unter der Schirmherrschaft von Hiero, dem König der griechischen Kolonie Syrakus auf Sizilien, konnte Archimedes sein Talent voll entfalten. Er war ein Meister der Mathematik und verbrachte den größten Teil seiner Zeit mit dem Lösen abstrakter Probleme. In Gedanken versunken, vergaß er regelmäßig das Essen. Mangels eines Computers mit Graphikprogramm entwarf er geometrische Figuren in der Asche eines Herdfeuers oder im Staub auf dem Fußboden. Nach dem Baden und dem – damals üblichen – Einölen rechnete er Summen im Olivenölfilm auf seiner Haut zusammen. In der Badewanne liegend entdeckte er das spezifische Gewicht, also die Gesetzmäßigkeit des Auftriebs von Gegenständen im Wasser, die später als Archimedisches Prinzip bekannt wurde. Sein Schutzherr Hiero hatte ihn gebeten herauszufinden, ob ein von ihm beauftragter Goldschmied wirklich die befohlene Menge Goldes in einer Krone verarbeitet und dieses nicht etwa durch billigeres Silber ersetzt hatte, wie der König vermutete. Archimedes fiel auf, daß das Wasser, das über den Rand seiner Badewanne schwappte, in einem bestimmten Verhältnis zum Untertauchen seines Körpers stand. Dadurch kam er auf die Idee, jedes Material besäße ein spezifisches Gewicht, und genau wie ein Kilo Federn mehr Raum einnimmt als ein Kilo Blei, nimmt auch Silber mehr Raum ein als Gold. Die Erkenntnis dieser Gesetzmäßigkeit ermöglichte ihm, den Betrug mit dem Silber in der Krone nachzuweisen.

Ganz verrückt vor Freude über seine Entdeckung, sprang Archimedes aus der Badewanne, rannte splitterfasernackt durch die Straßen und schrie:»Heureka! Heureka!«(Ich hab's gefunden.)

Die Überlieferung schreibt Archimedes noch viele andere Erfindungen zu, etwa einen Schraubmechanismus zum Hochpumpen von Wasser. Außerdem gelang es ihm, ohne Rechenmaschine den Wert der Zahl Pi bis auf mehrere Stellen hinter dem Komma zu bestimmen. Es ist keineswegs verwunderlich, daß dieser merkwürdige Mann ein absurdes Ende fand. Im Jahre 212 vor Christus belagerten die Römer Syrakus. Der mittlerweile schon betagte Archimedes soll es ihnen dabei besonders schwer gemacht haben – von ihm entworfene Katapulte beschossen die Truppen an Land, und riesige Hebewerke schmetterten angreifende Schiffe auf die Felsen. Außerdem soll man mit Hilfe eines von ihm erfundenen Systems, bei dem Sonnenlicht mit Hilfe von Spiegeln gebündelt wurde, Schiffe in Brand gesetzt haben. Bei der endgültigen Eroberung von Syrakus war der Mathematiker allerdings gerade dabei zu studieren. Die halbe Stadt brannte, und überall ertönten Todesschreie und das Geheul überfallener Frauen. Archimedes jedoch hörte nichts von alledem und zeichnete geometrische Figuren in den Staub. Als römische Soldaten beutelustig in sein Haus eindrangen, versuchte Archimedes gar nicht erst, sie mit Gold und flehentlichen Bitten milde zu stimmen, sondern winkte sie nur ungeduldig beiseite mit den Worten:»Stört mir meine Kreise nicht!«Daraufhin schlugen die Soldaten den Gelehrten tot.

**Porträt: Der genialste aller Nerds
(Leonardo da Vinci)**

Es ist unmöglich, sich vorzustellen, was *Leonardo da Vinci* geleistet haben würde, wenn er in unserer Zeit gelebt hätte. Eigentlich ist es sowieso unmöglich, sich vorzustellen, daß ein einzelner Mensch zu alldem imstande war, was Leonardo vollbracht hat. Doch die Beweise seiner Begabung sind in Form von Gemälden, Skizzenblocks und Berichten von Zeitgenossen erhalten geblieben. Im 15. Jahrhundert gelang es Leonardo nicht nur, das Maschinengewehr und den Panzer zu erfinden, sondern dazu auch noch das U-Boot. Diese Maschinen konnte er zwar bei dem damaligen Stand der Technik nie bauen; sie wurden erst Ende des 19. Jahrhunderts realisiert. Doch durch ihre Erfindung bewies Leonardo, daß er sich sehr wohl vorstellen konnte, daß diese oder ähnliche Waffen einst benutzt würden.

Das Besondere an Leonardo war, daß er in allen möglichen Disziplinen Hervorragendes leistete und zugleich auf all seinen Tätigkeitsgebieten neue Techniken einführte. Als begnadeter Maler erfand er zu seiner eigenen Erleichterung eine spezielle Farbe, mit der er Pastelltöne kreieren konnte. Neben einer ganzen Reihe mechanischer Erfindungen bewies Leonardo außerdem als erster, daß der Pole Kopernikus mit seiner Behauptung, die Erde drehe sich um die Sonne, recht hatte. Danach stellte er fest, daß das Licht des Mondes daher nur von der Sonne stammen konnte. Außerdem fand er eine Erklärung dafür, wie Muscheln auf Berggipfel und in Wüsten geraten waren. Eine wieder andere – eher praktische – Begabung bewies er, indem er die erste komplette Übersicht über die menschliche Anatomie anfertigte. Intellektuell gesehen ist er vergleichbar mit jemandem, der zum ersten Mal hört, daß das Weltall existiert, und sich sofort dessen Ausdehnung und Beschaffenheit, inklusive Schwarzer Löcher, vorstellen kann.

Für das, was er geleistet hat, muß Leonardo zwei Eigenschaften besessen haben. Erstens muß er auf dem neuesten Stand aller bildenden Künste und Wissenschaftsgebiete seiner Zeit gewesen sein. Mit seinem genialen Verstand und seinen umfangreichen Fremdsprachenkenntnissen war dies an sich eine durchaus lösbare Aufgabe. Florenz und Mailand – wo Leonardo lebte und arbeitete – lagen im wissenschaftlichen und künstlerischen Zentrum der westlichen Welt. Zweitens jedoch – und das macht ihn zum historischen Nerd – muß Leonardo imstande gewesen sein, sich über die damaligen Denkgewohnheiten und Konventionen zu erheben. Seine Zeitgenossen müssen ihn für komplett verrückt gehalten haben. Daß ihn das nicht anficht, macht ihn zum Idol aller tüftelnden und querdenkenden Nerds.

Die Erfindung der Schulklasse und der Brille

Nerds werden in der Schule geboren, einer Einrichtung, die schon seit Menschengedenken existiert. Bis zur Einführung des allgemeinen Unterrichts in Klassen ging allerdings nur eine Minderheit – die Kinder der Elite – zur Schule, wobei sich der Unterschied zwischen den Schülern vor allem aus dem Status der Eltern ergab. Die allgemeine Schulpflicht – in Preußen schon seit 1717, in ganz Deutschland erst seit 1919 in Kraft – brachte zum ersten Mal die verschiedensten Kinder in einer Klassengemeinschaft zusammen, einer Gruppe, in der eigentlich Intelligenz und Erfindungsgeist zählen sollten. Seit jener Zeit bildet sich jedoch in jedem Klassenraum automatisch eine bösartige Mehrheit von Dummköpfen und Mitläufern, die gegen die Sonderlinge stehen, die anders sind als sie – schlauer zum Beispiel –, oder die einfach nicht den Trott der anderen mitmachen wollen.

Ebenfalls von großer Bedeutung für die Entstehung des modernen Nerd ist die Erfindung der Brille, die in Europa irgendwann im 14. Jahrhundert auftauchte. Die Brille wurde vor allem von Leuten benutzt, die etwas aus der Nähe genau betrachten wollten, zum Beispiel Buchstaben. Dadurch entstand das hartnäckige Vorurteil, ein Brillenträger sei ein Sonderling, nämlich jemand, der lesen kann. Erst im letzten Viertel des 19. Jahrhunderts begann die Brille als Kennzeichen für außergewöhnliche Intelligenz oder eine exzentrische Persönlichkeit zu gelten. Noch in den fünfziger Jahren hatten Brillen und Nerdtum wenig miteinander zu tun. Nerds selbst trugen in jener Zeit noch nicht unbedingt eine Brille, man denke etwa an das nackte Gesicht von → Albert Einstein (s. S.90). Demgegenüber steht fest, daß nach heutigen Maßstäben Brillenträger von damals wie Nerds aussehen, vor allem die Männer, die schwere Fassungen in Verbindung mit einem ausrasierten Nacken trugen.

Erst in den achtziger Jahren bekam der Nerd seine eigene Brille, was einen nicht zu unterschätzenden Effekt hatte. Fielen Nerds in früheren Jahrhunderten vor allem durch ihre charmante Stümperei in der Liebe und ihre erschreckende Tolpatschigkeit auf, verlieh ihnen die Nerd-Brille nun einen sichtbaren gesellschaftlichen Status. Die typische Nerd-Brille gehört zum Modell Bill G. bzw. Matthias Rust (siehe dort): eine zu große Fassung aus Metall oder schwerem Material, wahlweise mit braunen Gläsern, die sich bei starkem Lichteinfall verdunkeln. Insbesondere für Kinder gibt es kaum Alternativen in Form schicker Brillenmodelle, weshalb Brillenträger an Grundschulen selten dem Nerd-Stigma entgehen.

Rezept: Gegrillte weiße Bohnen in Tomatensauce mit Erdbeeren

Man nehme:
1 Dose weiße Bohnen in Tomatensauce
1 Schale Erdbeeren

Zubereitungszeit: ca. 35 Minuten

Öffnen Sie die Dose. Fügen Sie die Erdbeeren hinzu. Kräftig umrühren. Stellen Sie das Ganze dreißig Minuten lang unter den Grill. Salzen und pfeffern nach Geschmack.

3 @%#$◎∑☺♫π??!!
Nerd-typische Kommunikationsprobleme

Die Nerd-Sprache kann grob in zwei Hauptdialekte unterteilt werden: (1) Computer-Nerdspeak und (2) alltägliche Nerd-Sprache.

(1) Computer-Nerdspeak ist die Fachsprache der geeks oder Computer-Nerds. Dabei handelt es sich um eine Kombination von Englisch bzw. amerikanischem Englisch mit verschiedenen Programmiersprachen wie C++, FORTRAN und COBOL. Deutsche Varianten des Nerdspeaks gibt es nicht, und es haben auch nur ganz wenige deutsche Vokabeln Einzug in den geekspeak gehalten, wie beispielsweise:

   – *Turnschuhnetzwerk:* In manchen größeren Betrieben, in denen die Datenübertragung zwischen PCs immer noch per Diskette und nicht per Intranet vorgenommen wird, genießen die Netzwerkspezialisten als einzige das Privileg, in legerer Kleidung und Turnschuhen zur Arbeit zu erscheinen (was die Nerds unter ihnen wahrscheinlich sowieso täten). Daher der Name »Turnschuhnetzwerk«.

   – *Bitfuchser:* Bits sind die kleinsten digitalen Einheiten. Bitfuchser sind dementsprechend Leute, die sich mit winzigen Stückchen eines Codes beschäftigen. Über den größeren Zusammenhang dessen, was sie tun, haben sie dagegen keinen Überblick. Dies haben sie mit den bekannteren Pfennigfuchsern gemeinsam.

(2) Die Alltagssprache des Nerd ist im Grunde auch eine Art Code, allerdings ein anderer Sprachcode als der, den die meisten übrigen Menschen benutzen. Nerd-Sprache hat nämlich keine Syntax. Es handelt sich dabei um eine Kombination aus Körper-

sprache, anderen nonverbalen Kommunikationsmitteln und tiefem Schweigen. Am liebsten würden Nerds sich wohl ausschließlich in Emoticons ☺ unterhalten … Nerds wählen zudem automatisch ein anderes – meist höheres – Niveau als ihre Gesprächspartner. Nicht-Nerds verständigen sich jedoch im allgemeinen auf einer gemeinsamen sprachlichen Ebene, weshalb die Alltagssprache des Nerd sowie der Nerd selbst regelmäßig für gewisse Verwirrung sorgen und man ihnen oft mit Verständnislosigkeit begegnet. Wir wollen dies anhand eines Beispiels verdeutlichen:

Eine lange, lange Schlange in der Post. Es ist heiß. Es sind bereits drei Greise und eine Gruppe italienischer Touristen am Schalter gewesen. Dann ist unser Nerd an der Reihe. Er möchte gerne drei Briefmarken zu einer Mark haben. Aber dies sagt er nicht. In angespanntem Tonfall bringt er Folgendes hervor:

»Haben Sie möglicherweise einige gezackte Rechtecke aus einem Material, das von den alten Ägyptern erfunden wurde, äh, drei Stück bitte.«

Bestürzung hinter dem Schalter. Wachsender Ärger in der Warteschlange. Mit hochrotem Kopf versucht unser Nerd erneut, seine Botschaft mitzuteilen:

»Es geht darum, daß drei menschliche Entitäten in Person meiner Kollegen und Freunde von der Ornithologischen Gesellschaft Utrecht West über mein Vorhaben in Kenntnis gesetzt werden, kommenden Freitag nachts an der Pyramide von Austerlitz Eulen zu zählen. Das letzte Mal zählten wir, äh, dort, äh, sechsundzwanzig, inklusive Doppelzählungen. Ich habe keine E-mail, sonst hätte ich es bereits erledigt. Sie schon, also meine Freunde, nicht die Eulen. Verstehen Sie?«

In der Schlange werden wütende Rufe laut. Auch das Mädchen hinter dem Schalter ist erbost, weil unser Nerd – es handelt sich in diesem Fall um einen Mann – arglos seine kurzsichtigen Augen (er hat seine Brille vergessen) auf ihrem Dekolleté ruhen läßt. Sie dreht ihren Stuhl zur Seite und ruft nach dem Chef.

»Leo, kannst du mal kurz kommen? Wir haben hier wieder so einen Problemfall!«

Verständlicherweise gibt es zahlreiche Nerds, die es vorziehen, zu schweigen oder sich auf nonverbale Kommunikation zu beschränken. Deswegen begegnet man Nerds häufig als Besitzer von Antiquariaten, als Stammnutzer des Mittelalter-Lesesaals von Bibliotheken oder an den fleckigen Tischen der Genealogie-Abteilung von Gemeindearchiven.

Es ist auch kein Zufall, daß das Internet von Nerds bevölkert wird. Böse Zungen machen dafür jedoch zu Unrecht ihre mangelhafte Kommunikationsfähigkeit verantwortlich. Es wird oft behauptet, die Angst der Nerds vor direktem menschlichen Kontakt (Geruch, Berührung, Anblick) sei der Grund, daß sie lieber »sicher« von ihrem Platz am Computer aus e-mailen als zu sprechen und sich lieber anonym in Chatrooms begeben, als ein Gespräch mit dem Nachbarn anzuknüpfen. Dabei ist genau das Gegenteil der Fall. Nerds im Internet sind in Wahrheit besonders kommunikativ. Artig der Netiquette gehorchend (der Etikette im Internet), geben die meisten ihren Namen bekannt und veröffentlichen ein Foto von sich auf ihrer Homepage.

Natürlich suchen Nerds, wie jeder andere Mensch auch, im Netz Geistesverwandte auf – ihre Eulenzähler-Kollegen in China, Lappland und Albanien, über Palo Alto – dem Heimatort der Suchmaschine Altavista – bis nach Hubbelrath, Wladiwostok oder Buthan. Sie setzen sich also ohne Zögern über kulturelle und ethnische Barrieren hinweg, und daher kann man sie schwerlich des antisozialen Verhaltens oder der Kleinkariertheit bezichtigen. Im Internet steht uns die ganze Welt offen – für viele Menschen eher eine erschreckende Vorstellung. Nerds dagegen sind in dieser Hinsicht ihrer Zeit wieder einmal weit voraus. Schon in früheren Jahrhunderten haben sie ihre visionären Fähigkeiten immer wieder unter Beweis gestellt – oft zu ihrem Nachteil, wie etwa der Widerstand zeigt, auf den die Ideen von Galilei, Kopernikus und vielen anderen tapferen Nachfolgern stießen.

Porträt: Der unheimliche Nerd (Horst Herold)

Wenn Nerds einen Beruf ergreifen, der sie zwingt, ihre spezifischen Fähigkeiten und Marotten im geheimen zu entfalten, wird es bedrohlich. Geheimdienste und Kriminalbehörden sind dafür ein Beispiel. 1972 übernahm mit *Horst Herold* ein Vertreter der stets zum fanatischen Perfektionismus neigenden Nerds die Leitung des Bundeskriminalamts (BKA). Der Mann mit der dicken Brille war vernarrt in die Möglichkeiten des gerade erst in Mode kommenden Computers und entwickelte schnell orwellartige Visionen eines »Sonnenstaats«, in dem der Große Bruder stets über alle Bewegungen und Absichten seiner Bürger informiert ist. Den Ausbau des Überwachungsstaats nahm er umgehend in Angriff: Computergestützes Aussieben verdächtiger Personengruppen, Schleierfahndung, Speichern ungeheurer Mengen personenbezogener Daten im Computerzentrum des BKA in Köln. Zu Hilfe kamen dem kontaktscheuen und von seiner Aufgabe zunehmend besessenen Mann die tatsächliche Bedrohung durch die RAF und seine Fahndungserfolge.

Erst 1979 dämmerte es der Öffentlichkeit, daß man nicht in einer Gesellschaft leben will, in der Menschen per Computerbefehl verhaftet werden, *bevor* sie ein bestimmtes Verbrechen begehen oder konkret vorbereiten können – nur weil das von einem Nerd erdachte System sie eines solchen Verbrechens für fähig hält.

Das niederländische Pendant zu Horst Herold heißt *Arthur Docters van Leeuwen.* Als er in den späten 80ern Direktor der niederländischen Staatsschutzbehörde war, veranstaltete die Wochenzeitschrift *Vrij Nederland* einen Wettbewerb: Die Leser sollten das erste Kapitel eines Krimis verfassen, in dem Docters vorkam. Die Teilnehmer griffen diese Vorgabe begeistert auf und nutzten die Figur von Docters, um die drohende Atmosphäre wiederzugeben, die für den Anfang eines Krimis wichtig ist. Eine Einsenderin wählte beispielsweise das nur schwach beleuchtete Büro des Direktors der Staatsschutzbehörde als Ort der Handlung. Höhepunkt war das Auftauchen von Docters, der langsam auf die Ich-Erzählerin zukam. Der Beitrag schloß mit den verzweifelten Worten: »Sein Atem roch nach Hering und Zigarren.« Dieser Satz gibt exakt den Eindruck wieder, den dieser unheimliche Nerd bei den meisten Menschen hinterläßt: ein schwergewichtiger Mann mit ausweichendem Blick. Wenn er sich nähert, verursacht sein schrecklicher Mundgeruch Atemnot. Er taucht auf in Alpträumen und abartigen erotischen Phantasien.

Docters van Leeuwen selbst scheint wenig daran gelegen, dieses Bild zu korrigieren und sich einen menschlicheren Anstrich zu verpassen. Egal, welche Funktion er innehat: Stets geht er wie ein Bulldozer zu Werk und läßt sich dabei auch noch mit dem gruseligsten Teil seines Nachnamens ansprechen. Er hat es wirklich drauf, sein Gegenüber zu beruhigen: »Nennen Sie mich einfach Docters.«

Mit 33 hatte er bereits einen Herzinfarkt absolviert und sich ins Zentrum der Macht vorgearbeitet: 1981 übernahm er die undurchsichtige Position eines stellvertretenden Generaldirektors im Amt für Öffentliche Ordnung und Sicherheit. 1988 wurde er Direktor des Staatsschutzes, der bis dahin vor allem wegen seiner ungeschickten Infiltrationen in die falschen – weil harmlosen – Splittergruppen in die Medien geraten war. Die einzig wirklich gefährliche Organisation (RARA) konnte unterdessen ungestört Makro-Niederlassungen in Brand stecken, Shell-Leitungen in die Luft jagen und einen Bombenanschlag auf die Katze des Staatssekretärs Aad Kosto planen. Nun saß dort jemand, der potentiellen Terroristen schon von vornherein eine Heidenangst einjagte. Der Amsterdamer Polizeikommissar Erik Nordholt beschrieb Docters als »dicke Überwachungskamera, die auch fühlen kann«. Andere wiederum bezeichneten ihn als »kreativ und lästig«. Durch seinen sphinxartigen Charakter ist er für heikle Positionen besonders gut geeignet. Docters wurde nicht zufällig 1994 zum leitenden Generalstaatsanwalt berufen, als der gesamte Fahndungsapparat durch die IRT-Affäre und andere Schnitzer in Mißkredit geraten war. An Docters scheint jegliche Kritik einfach abzuprallen. Schlimmer noch: Falls es wirklich einmal jemand wagt, spitze Pfeile auf ihn abzuschießen, bekommt er sie postwendend wieder zurück, und zwar getränkt mit einer ordentlichen Dosis Gift.

4 Einem scheuen Geschöpf auf der Spur: Der Lebensraum des gemeinen Nerd

Die Lebensräume der Nerds sind ebenso unterschiedlich wie die Nerds selbst. Nerds sind viel zu individualistisch und haben viel zu breit gefächerte Interessengebiete, als daß man ihnen einen gemeinsamen Lebensraum zuweisen könnte.

Nur eines ist klar: Mit der Natur haben sie nichts am Hut. *Nature* und *Nerdure* sind Gegensatzbegriffe. Einen Nerd wird man außerhalb geschlossener Räume nur entdecken, wenn er einem abwegigen Hobby wie der Beobachtung von Waldblutegeln nachgeht, das man beim besten Willen nicht drinnen betreiben kann. Mit frischer Luft und Sonnenschein darf man ihm ansonsten nicht kommen. Für Witterungseinflüsse ist der empfindliche Nerd-Teint (Blässe, Pickel, Haarfett) nicht ausgelegt.

Im folgenden werden für Nerd-Anwärter einige typische Nerd-Biotope beschrieben.

Die IT-Abteilung eines Betriebs oder Softwarehauses

In seinem Roman *Microsklaven* (→Nerd-Literatur) beschreibt der Autor Douglas Coupland minutiös die Büro- und Schlafräume des angelsächsischen *geek* oder Computer-Nerd. Sie alle gleichen eher einer gelben Tonne: Sie sind mehr oder weniger vermüllt mit den nicht eßbaren Überresten von Massenkonsumartikeln wie z. B. Verpackungen von Software oder von Computerspielen, Cornflakes- und Plätzchenschachteln, ggfs. Zigarettenschachteln, Coladosen sowie Verpackungen von allen anderen Lebensmitteln, die bequem zwischen Tastatur und Maus vertilgt werden können. An den

Wänden hängen Fotos von Bill G. und Kalender von Microsoft, IBM oder Sega zwischen ausgeschnittenen Gary-Larson- oder Dilbert-Cartoons. Es gibt wenige bis keine Bücher, ausgenommen Handbücher von Softwarepaketen sowie Gesundheitsratgeber.

In Deutschland ist diese Art der Innendekoration weniger verbreitet und nicht so selbstverständlich – wohl weil die Computerindustrie hierzulande nicht so bedeutend ist wie in den USA. In jeder Firma gibt es allerdings ein paar Arbeitnehmer, deren Anwesenheit im Betrieb man eigentlich gar nicht verantworten kann, die aber wegen ihrer einzigartigen Kenntnisse und ihres Expertenwissens toleriert werden. Ihr Arbeitsplatz ist ein regelrechter *Star-Trek-* oder *Star-Wars*-Altar, und die vom Betrieb zur Verfügung gestellte Apparatur wurde derart umgebaut, daß sie nicht mehr wiederzuerkennen ist. An der Wand hängt wieder einmal: Dilbert. Wenige bis gar keine Bücher außer Handbüchern oder ein Band von *Per Anhalter durch die Galaxis*.

Der Keller einer mittelgroßen Bibliothek / ein Antiquariat / ein Gemeindearchiv

Der Raum ist dunkel, riecht feucht und wirkt verlassen. Doch plötzlich wird man sich der Anwesenheit eines menschlichen Wesens bewußt, das an dem einzigen vorhandenen, kleinen Tisch hinter dem windschiefen Schrank sitzt. In einem Antiquariat steht dieser Tisch notgedrungen nicht weit von der Tür oder der Kasse entfernt. Eine Tasse mit lauwarmem Öko-Kaffee oder -Tee steht zwischen Stapeln aufgeschlagener Werke herum. Die Luft im Raum ist konzentrationsgeschwängert. Wehe dem, der die Ruhe stört, die Ordnung in einer Reihe von Nachschlagewerken verändert oder es wagt, ein Buch zum Bezahlen vorzulegen.

Schule und Universität

Ein idealer Nerd-Beruf ist der des Lehrers, insbesondere in den Fächern Mathematik, Physik, Chemie und Religion. Als geborener Besserwisser ist der Nerd geeignet, Schülern ein für allemal den Spaß an diesen Fächern zu verderben. Nebenher verwaltet er die Schlüssel der ganzen Schule, weiß als einziger, wie der Overhead-Projektor funktioniert, kümmert sich um das Landkartenlager incl. Kartenständer und überwacht die pünktliche Beendigung der großen Pause. Beim Abitur fragt er aus Schusseligkeit gerne genau das, was abgesprochenermaßen nicht vorkommen sollte.

In den Universitäten steht das naturwissenschaftliche Lehrpersonal zu sehr unter Beobachtung, als daß Nerds sich dort halten könnten. Der Typ des zerstreuten Professors findet sich daher insbesondere in den sprachwissenschaftlichen Instituten. Bei den Romanisten beispielsweise schleichen haufenweise verschrobene Dozenten herum, die sich seit 48 Jahren ausschließlich mit rätoromanischer Grammatik und Wortschatzkunde befassen, die ihre Kollegen wegen einer wissenschaftlichen Kontroverse über die Genese des Historischen Perfekts in den westlichen Nebentälern des Engadins seit 20 Jahren nicht grüßen und denen die Kommunikation mit Studenten ein Greuel ist. Ihre Lehrveranstaltungen bestehen in der leiernden Aufzählung ost- und mittelladinischer Vokabeln; Zwischenfragen stürzen die kommunikationsunfähigen Gestalten in hilflose Verwirrung. Ihr einziger Lebensgefährte ist in der Regel ein Rauhhaardackel.

In der Öffentlichkeit

Und wo kann man Nerds antreffen, wenn sie nicht an ihrem Arbeitsplatz sind?
– In der Natur? Praktisch nie!

- Auf der Straße bei Tageslicht? Nur im Sommer und nördlich des Polarkreises.
- Am Strand? Nur nachts, bei klarem Sternenhimmel oder anderen astronomischen Erscheinungen.
- Im Nachtzug.
- In einem Nissan Sunny, Trabant, Skoda oder Lada.
- Auf einem Fahrrad mit Bremsleuchten und Außenspiegeln oder im Liegerad.
- In der Dämmerung am Ausgang eines Museums oder einer Bibliothek.
- Am falschen Schalter in der Post.
- In der verlassenen, halbdunklen Kantine einer Fakultät in einer tristen, nach dem Beispiel der Sowjetarchitektur errichteten Universität.
- In einer mittelgroßen Provinzstadt, die Bahngleise entlanglaufend.

Porträt: Der Nerd in der Politik (Peter Hintze u. a.)

Eigentlich zieht es Nerds selten in die Politik, wo so vieles abhängt von Charisma, Public Relations und Kommunikationstalent. Geraten sie doch einmal hinein, sind sie schnell in der Rolle des bespöttelten und bedauernswerten, linkischen Theoretikers ohne telegenes Talent: hölzerne Art, seltsame Gesten und Redeweise, unfreiwillig komisch, etwas verloren und unbedingt weltfremd.

Ein Beispiel ist der frühere Verkehrsminister *Matthias Wissmann* (CDU), dem man stets anmerkte, daß er ein eifriger Jurastudent gewesen und spätestens seit seinem Karrierestart in der Jungen Union gänzlich von der Realität abgeschnitten war. Zu vermuten ist, daß er nur wegen einer Leidenschaft für Modelleisenbahnen zum Verkehrsminister ernannt wurde. Mit seiner starken Brille schaute er immer ein wenig arg- und ratlos in die Kamera, so als

Rezept: Flambierter Hering auf Eis mit Kirschen
(für den begüterten Nerd)

Man nehme (Mengenangaben für eine Person):
1 Hering
1 Deziliter Wodka oder Cognac
1 halbes Glas Sauerkirschen
1/4 Liter Vanilleeis

Zubereitungszeit: ca. 5 Minuten

Legen Sie den Hering in einen tiefen Teller. Fügen Sie
Kirschen und Eis hinzu. Beträufeln Sie das Ganze mit
Wodka (oder Cognac). Den Wodka bzw. Cognac anzünden.
Das Gericht maximal eine Minute lang flambieren.
Guten Appetit!

wollte er sagen: »Ich habe alles genau ausgerechnet, aber ich weiß nicht, wie ich es erklären soll.«

Der klassische Fall des Nerds in der Politik ist allerdings der frühere CDU-Generalsekretär *Peter Hintze*. Aus der Theologie kommend, war der Pastor mit Auftritten in der Öffentlichkeit stets hoffnungslos überfordert. Er wirkte im Fernsehen immer wie ein Konfirmand, der nicht weiß, wohin mit seinen schlaksigen Gliedmaßen. Außerdem fand er nie die richtige Sprachebene mit den Zuhörern, und seine Slogans und Kampagnen waren meist einmal zu oft um die Ecke gedacht, als daß Publikum, Presse und Parteifreunde sie hätten kapieren können.

Man kann sich vorstellen, daß seine Entwicklung zum Nerd ähnlich verlaufen ist wie die von *Ernst Hirsch Ballin*, christdemokratischer Justizminister der Niederlande von 1990–1994. Ernst war Einzelkind und wuchs allmählich zu einem Sonderling heran, woran nicht zuletzt die Einstellung seiner Eltern schuld war. Ernst durfte nicht Fußball spielen (das Kind hätte sich ja verletzen können!) und mußte mit dem Bus statt mit dem Fahrrad fahren. Allerdings war er wahnsinnig intelligent. Ein früherer Klassenkamerad vom Gymnasium beschrieb ihn als einen »außergewöhnlich einzelgängerischen und brillanten Schüler«, und ein pensionierter Dozent sagte über seinen ehemaligen Studenten, er sei ein seltsamer dicklicher Junge gewesen, »einer der begabtesten Studenten, die ich je hatte«. Er habe weder Freunde noch Freundinnen gehabt und schon damals feierlich und abgehackt gesprochen. »Während des Studiums wiesen seine Kontakte zum anderen Geschlecht eine deutlich langsamere Entwicklung auf als seine Studienleistungen«, meinte ein Kommilitone, der mit ihm Jura studiert hat. »Er hatte zwar Freundinnen, aber nur auf rein intellektueller Ebene.« Ernst verschrieb sich ausschließlich nichtfleischlichen Dingen – als Student konvertierte er zum Katholizismus – und machte rasch Karriere. Bereits im Alter von 30 Jahren wurde Ernst Hirsch Ballin Dozent an der Katholischen Universität Brabant.

Nachdem ihn Premierminister Lubbers seiner Qualitäten wegen ins Justizministerium berufen hatte, hackten die Medien vor allem auf seinem Auftreten herum. Zugegeben: Es war nicht leicht, sich auf den Inhalt seiner Reden zu konzentrieren, wenn Ernst sprach. Den Blick auf einen imaginären Punkt irgendwo zwischen Kamera und Interviewer gerichtet, ruckte er mit dem Kopf, als ob ihm fortwährend feste von hinten auf den Rücken geschlagen würde. Dabei verstärkten sich der Inhalt seiner Botschaft und das Sonderbare seiner Mimik gegenseitig. Hier kam eindeutig jemand zu Wort, der in jahrelanger Zurückgezogenheit, ausschließlich in Gesellschaft seiner Klosterbrüder, seine persönlichen Ideen zum Wohle der Menschheit entwickelt hatte – etwas, was er natürlich mit diversen christdemokratischen Kollegen gemeinsam hatte. Aus dem Munde dieses Justizministers bekam die Botschaft allerdings einen verfremdenden Effekt, etwa so, als stecke die Christdemokratische Partei nun ihr Kinn in die Angelegenheiten anderer Leute anstatt die dafür vorgesehene Nase.

Porträt: Das Mutter-Nerdchen (John Major)

Als Nachfolger der »eisernen Lady« Margaret Thatcher kam von Anfang an nur ein Nerd in Frage, denn in ihren letzten Jahren hatte sie alle Nicht-Nerds aus ihrem Kabinett entfernt. Als John Major dann in Downing Street No. 10 einzog, sah es einen Moment lang so aus, als habe Margaret Thatcher ihren braven Ehemann Denis in der Amtswohnung zurückgelassen. Von weitem haben John Major und Denis wirklich eine frappierende Ähnlichkeit, doch von nahem tritt das ganz eigene Nerdtum Majors deutlich zu Tage. Die Nasenspitze weist ein wenig nach oben, als wolle sie sagen: Ich bin gar kein Nerd, und die extrem lange Oberlippe scheint dieses *statement* festhalten zu wollen. Doch das fliehende Kinn bestätigt, was jeder längst weiß: Hier steht ein Mutter-Nerdchen.

Mutter-Nerdchen sind auf unfreiwillige Weise tapfer. Gerade weil niemand auch nur einen Pfifferling auf sie gibt, können sie über sich selbst hinauswachsen. Major blieb beispielsweise überraschend lange Premierminister und gewann Wahlen, bei denen ihm im voraus niemand auch nur den Hauch einer Chance eingeräumt hätte. Vor allem sein Sieg 1995 war schier unglaublich. Geschickt nutzte er den Nachteil seines Mutter-Nerdtums zu seinem Vorteil aus: Wenn er im Laufe seiner Wahlkampagnen eine Rede halten mußte, stieg er auf eine Kiste, wodurch er buchstäblich über sich selbst hinauswuchs. Ein derartiges von Selbsterkenntnis geprägtes Verhalten weckt bei Nicht-Nerds natürlich Sympathie.

Der Vater von John Major war Trapezartist, nachdem er sich erfolglos im Handel mit Ziergegenständen für den Garten versucht hatte. John verlebte eine einsame Jugend in Armut. Die Majors wohnten in einer Zweizimmerwohnung im heutigen Problemviertel Brixton im Süden Londons. Mit sechzehn ging John von der Schule ab, um Geld zu verdienen. Er verrichtete allerlei einfache Arbeiten. Eine vielzitierte Anekdote besagt, daß er mit neunzehn wegen seiner mangelhaften Mathematikkenntnisse nicht als Busfahrer angenommen wurde. In diesem Alter lebte er auch ein paar Monate lang von der Sozialhilfe. Sein Nerdtum hat wohl erst definitiv Gestalt angenommen, als er einen festen Job bei einer Bank bekam und dort rasch Karriere machte. Bei einer Geschäftsreise nach Nigeria überlebte er nur knapp einen Autounfall, bei dem er sich einen dauerhaften Schaden am Bein zuzog. Später ging er in die Politik. 1979, in dem Jahr, als Margaret Thatcher an die Macht kam, gewann Major im Distrikt Huntington einen Parlamentssitz für die konservative Partei. Es wird behauptet, daß Major Thatcher 1983 auffiel, als er einige ihrer politischen Aussagen kritisierte. Doch vermutlich ist eher das Gegenteil der Fall: Nerds widersprechen ihren Müttern im allgemeinen nämlich nicht. Major war ein treuer Vasall seiner Chefin – und wurde somit als ihr Nachfolger auch für das Scheitern des Thatcherismus verantwortlich gemacht.

Zudem war er ungeschickt genug, Prinzessin Diana scharf für ihr Engagement gegen den Einsatz von Landminen zu rügen. Die Wahlen von 1997 bedeuteten die Erlösung von (und für?) John Major. Im Wahlkampf hatte er angesichts niederschmetternder Umfragewerte noch eine legendäre Parole ausgegeben: »Wir stehen mit dem Rücken zur Wand, und wir tun das, was man dann tun muß: Wir drehen uns um und kämpfen.« Ein Premierminister, der gegen eine Wand kämpfte, war natürlich kein Gegner für Tony Blair.

Befreit von seinem Amt, hat Major bereits verlautbart, zurück zu seinen Wurzeln zu wollen. Am liebsten würde er, der selbst einmal ein ganz passabler Kricketspieler war, Kommentator für Kricketspiele werden. »Wenn sie mich dafür haben wollen«, meinte er bescheiden. Kricket, in den Augen der Festland-Europäer der größte Nerd-Sport aller Zeiten, ist in Großbritannien ein beliebter Volkssport.

Porträt: Ein Nerd vom alten Schlag (Heinrich Lübke)

Die Geschichte von *Heinrich Lübke* (1894–1972) ist ein wenig die von des Kaisers neuen Kleidern: Weil er (von 1959–1969) Bundespräsident und damit höchster Repräsentant der jungen deutschen Demokratie war, mochte niemand ganz laut sagen, daß an der Spitze des Staates ein etwas verwirrter älterer Herr stand, der eindeutig Nerd-Eigenschaften aufwies. Herbert Riehl-Heyse schildert ihn als sauerländischen Provinzler, für den bereits Bonn eine turbulente Metropole war und der von seinen Reisen in aller Welt stets ganz aufgeregt zurückkehrte, um der Öffentlichkeit zu erzählen, was es zu essen gab und wie komisch die Leute dort redeten. Berühmt war Lübke weniger wegen bemerkenswerter politischer Stellungnahmen als vielmehr wegen seiner Fehlleistungen beim Redenhalten: Mit der legendären Anrede »Meine Damen und Herren, liebe Neger« unterteilte er beim Staatsbesuch in Afrika die anwesenden Gäste einmal diplomatisch geschickt in drei Gruppen. Ein anderes Mal freute er sich herzlich darüber, in Osnabrück zu sein, obwohl er sich in Wirklichkeit in Oldenburg befand. Ebenfalls auf Staatsbesuch in Afrika fuhr er einen ihm vorgestellten Politiker an, dieser habe seinen Freund Lumumba auf dem Gewissen. Als der Angesprochene entgeistert entgegnete, er sei Lumumbas Freund gewesen und ebenso entsetzt über dessen Ermordung, entschied Lübke kurzerhand: »Ach, das sind doch alles nur Ausflüchte!«.

Der Beruf, den Lübke ausübte, bevor es ihn in die Politik verschlug, ist typisch für einen Nerd: Vermessungsingenieur. Weil er der klassische Vertreter des zerstreuten älteren Herrn war, nahm ihm die Öffentlichkeit sogar seine Version des Schicksals ab, das er in der Nazizeit »erlitten« hatte: 1933 zeitweise in Haft und aus allen Ämtern entlassen, also NS-Opfer. Daß er in Wirklichkeit ab 1940 stellvertretender Leiter eines Bautrupps war, der Anlagen für die Rüstungsproduktion errichtete und dafür KZ-Häftlinge als Zwangsarbeiter mißbrauchte, nahm dem unkonzentrierten Opi niemand so recht übel. Woran deutlich wird: Das Nerdtum kann auch als Maske dienen, um unauffällig aufzusteigen bzw. ungeschoren davonzukommen.

5 Mr. Bean, Al Bundy & Co.: Der Nerd in Film und Fernsehen

Der Durchbruch des Nerd

Ebenso wie das Schmollmündchen (Brigitte Bardot) und die blonde Traumfrau (Marilyn Monroe) hat auch der Nerd seine Entwicklung zum gesellschaftlichen Phänomen größtenteils den Medien Film und Fernsehen zu verdanken. Mit Filmen wie *Die Rache der Eierköpfe* (1984) und *L.I.S.A. – Der helle Wahnsinn* (1985) hat es der Nerd endgültig geschafft. Sein Durchbruch fiel nicht zufällig mit dem des Personalcomputers zusammen: Das Auftauchen des Nerd als Hauptperson in Kino- und Fernsehfilmen spiegelt das allgemeine Erstaunen, ja den regelrechten Schock über den gigantischen Erfolg der Computerindustrie wider. Die Gesellschaft mußte erkennen, daß es weder Ronald Reagan noch irgendein Kennedy-Sproß oder Arnold Schwarzenegger waren, die die Welt tiefgreifend veränderten, sondern ein paar unbekannte und per se wenig interessante Jugendliche. Blutjung, bleich und schüchtern, waren dennoch sie es, die hinter den gewaltigen Gewinnen von Betrieben wie IBM, Microsoft und (damals noch) APPLE steckten. Normalerweise führt geschäftlicher Erfolg in Hollywood durchweg zu bombastischen Filmen über die entsprechenden Tycoons inklusive Maitresse, eigener Insel und Riesenyacht. Doch die Computermillionäre weckten ganz offensichtlich eher Spottlust als Mißgunst oder Bewunderung. In Spielfilmen wurden die *whizz-kids* nicht etwa als die modernen leuchtenden Beispiele für den amerikanischen Traum, sondern als lächerliche, weltfremde Nerds dargestellt. Dabei brauchten die Filmemacher gar nicht erst lange nach Beispielen für solche Figuren zu suchen. In praktisch jeder Hollywood-Produktion der Prä-Computerära trabte irgendein weltfremder Idiot durch die Gegend, der die größte Mühe hatte, Mädchen auch nur anzusprechen. So konnte Hollywood den Nerd ganz einfach aus alten Filmfiguren zusammenbasteln: Sie nahmen den wesenlosen Blick von Harold Lloyd, den Gang von Charlie Chaplin, die Fettnäpfchen, in die Stan Laurel & Oliver Hardy immer traten, kombiniert mit der Menschenangst von Woody Allen und abgerundet mit der Gesprächstechnik von Inspektor Clouseau aus den verschiedenen *Der rosarote Panther*-Filmen.

Was die Figuren betrifft, konnten sich die Filmemacher zudem bei der Science-fiction-Serie *Star Trek* bedienen, wobei besonders die Figur des Mr. Spock recht ergiebig war. Die erste Staffel (mit Captain Kirk) wurde 1966–1969 ausgestrahlt. Sie spielt im 23. Jahrhundert und handelt von der Reise des Raumschiffs Enterprise durch das Universum. Die Enterprise ist mit Computern vollgestopft, die – zumindest im 20. Jahrhundert – unerreichte Leistungen vollbringen und trotzdem andauernd abstürzen oder von Klingonen und anderen Unholden geknackt werden, und zwar immer dann, wenn man sie gerade besonders dringend braucht. Mr. Spock (Leonard Nimoy) ist ein Vulkanier, ein Außerirdischer ohne menschliche Gefühlsregungen. Konfrontiert mit menschlichem, irrationalem Verhalten reagiert er nerdisch und weist seine Kollegen auf ihre mangelnde Logik hin. Der Einfluß von Spock ist bis heute beträchtlich. Dreißig Jahre nach dem Start der Serie wird Spock-typisches Verhalten dazu benutzt, geeks (Computer-Nerds) zu tadeln oder zu beleidigen, indem man sie mit dem Vulkanier vergleicht und so auf ihre einsame Existenz im Reich der Computersprachen und des Cyberspace anspielt. Zudem haben die *Star-Trek*-Filme bei *geeks* bereits seit Jahren weltweit einen haushohen Kultstatus.

Weitere Vorläufer des modernen Film-Nerd sind der weltfremde Zoologe Dr. David Huxley (Cary Grant) in *Leoparden küßt man nicht* (1938) und der ungeschickte Musikprofessor Howard Bannister

Rezept: Mäuse auf römische Art
(Snack für vier Nerds)

Man nehme:
4 lebende Hausmäuse
2 Liter roten Portwein
1 Ei
1 Tasse Mehl
Fritierfett

Zubereitungszeit: ca. 2 Stunden

Die Römer liebten herzhaft-süße Gerichte, wobei in diesem
Fall der rote Portwein für die nötige Süße sorgt. Vor zweitausend Jahren war Wein noch viel schwerer und süßer als
heute, und Portwein kommt dem damaligen Wein vom
Geschmack her am nächsten.
Zubereitung: Ertränken Sie die Mäuse nicht sofort, sondern
setzen Sie sie zunächst in einen großen Topf oder Eimer und
lassen Sie sie eine Weile lang benebelt herumschwimmen.
Der Alkohol im Blut verleiht dem Fleisch ein ganz besonde-
res Aroma. Ertränken Sie nun die Mäuse und lassen Sie sie
noch anderthalb Stunden im Wein ziehen. Erhitzen Sie das
Fritierfett. Rühren Sie das Ei mit dem Mehl zu einem Teig.
Nehmen Sie die Mäuse aus dem Wein und lassen Sie sie
kurz abtropfen. Wenden Sie die Mäuse im Teig und fritieren
Sie sie, bis der Teigmantel knusprig braun ist. Mit einem
Glas Wein servieren.

(Ryan O'Neal) in *Is was Doc?* (1972) – sowie natürlich Jerry Lewis. Die dreiteilige Spielberg-Reihe *Zurück in die Zukunft* bietet gleich zwei Varianten des Nerds: Den tolpatschigen, linkischen Looser-Typen *McFly* (den Vater des von Michael J. Fox verkörperten Helden) und den genial-verschusselten Erfinder *Dr. Emmet Brown.*

Aus der Fernsehgegenwart fällt einem als erster natürlich der nervig-nerdige Schuhverkäufer *Al Bundy* ein.

In der deutschen Film- und Fernsehlandschaft ist von Nerds bisher seltener die Rede, auch wenn es einige Typen gibt, die eindeutig Nerds sind oder darstellen, ohne es so zu nennen:

Im Film haben wir etwa Joachim Król und seine Figuren (z. B. in *Zugvögel*) sowie den schüchternen Jungen aus *Nach fünf im Urwald*; historisch gesehen einer der ersten Nerds dürfte der Lehrer aus der *Feuerzangenbowle* sein (»jed'r nur einen wänzigen Schlock!«).

Im Fernsehen erfreuen uns Philipp Sperling und der – mittlerweile aus dem Weg geräumte – Theologe Matthias aus der *Lindenstraße;* und im Personal jeder Daily Soap findet sich mittlerweile auch jeweils ein nerdartiger Studiosus mit Brille und ohne Freundin.

Außerhalb von Filmen und Serien treffen wir den bereits genannten Jean Pütz mit seiner *Hobbythek* und vor allem die Kandidaten aus Shows, in denen es um abwegiges Wissen und absonderliche Fähigkeiten geht. Wer beispielsweise in *Wetten, daß ...* vorführt, daß er Autotypen am Geräusch der zuklappenden Tür erkennt oder angesichts der Rillen den Namen einer Schallplatte nennen kann, ist mit hoher Wahrscheinlichkeit ein Nerd. Komiker wie Wigald Boning stellen häufig nerdige Typen dar, und mit Ilona Christen hatte es ein weiblicher Nerd auch einmal unter die Talkmaster geschafft.

Jocks gegen Nerds

Der erste Film, in dem der Nerd in der modernen Bedeutung des Wortes im Titel auftauchte, war *Revenge of the Nerds* (USA 1984, in Deutschland unter dem Titel *Die Rache der Eierköpfe* gelaufen). Die Nerds sind in diesem Fall zwei freundliche, aber nicht allzu aufgeweckte Studienanfänger an einer amerikanischen Universität. Schon bald werden Gilbert und Lewis zum Ziel von Schikanen der sogenannten *jocks* (Flegel), Mitgliedern von Studentenverbindungen und Footballspielern. Lewis macht noch dazu den Fehler, sich in ein Mädchen zu verlieben, das Mitglied einer Studentinnenverbindung ist, und schon sind die Weichen für einen regelrechten Krieg zwischen Nerds und Jocks gestellt. Die Jocks setzen Gewalt ein, während die Nerds sich mit allerlei Hightechtricks verteidigen. Schon der Titel weist daraufhin, welche taktischen Mittel schließlich ausschlaggebend sind.

Falls bis dahin immer noch Unklarheiten über das Äußere und das Verhalten des typischen Nerd bestanden, so wurden sie mit dem Erscheinen des Kinofilms *L.I.S.A. – Der helle Wahnsinn* (1985) endgültig aus dem Weg geräumt. Der Film erzählt die Erlebnisse der beiden Schüler Gary und Wyatt, wobei Gary große Ähnlichkeit mit dem jungen Bill Gates aufweist. Die beiden Jungen befinden sich gerade in dem schrecklichen Alter, in dem andere testen, ob man ein richtiger Kerl ist oder nicht. Gary und Wyatt haben diesen Kampf in der Schule bereits verloren, wo sie von den größeren Jungen gepiesackt und von den Mädchen ignoriert werden. Und sie machen auch wirklich alles falsch: Sie lachen nervös und mit hoher Stimme, sind zart gebaut, finden Mädchen nett und lassen es sich auch noch anmerken. Um das Drama komplett zu machen, erfährt die halbe Schule, daß sie weiße Feinrippunterhosen mit Eingriff – Modell Liebestöter – tragen. Trost finden die Jungen am Computer. Mit Hilfe ihrer Programmierkünste gelingt es ihnen, die Traumfrau Lisa (Kelly LeBrock) zu konstruieren und zum Leben zu erwecken. Diese Schönheit, ergo der Computer, macht sie zu den Helden der Schule und bei den Mädchen begehrt. Noch vor dem guten Ende erfährt man – aus dem Mund der schönen Lisa – die Moral von der Geschicht'. Es läuft darauf hinaus, daß die Jungen sich dem Leben (hier: den Mädchen) stellen müssen, anstatt am Computer einsam ihren Träumen nachzuhängen.

In späteren Filmen werden solche Nerd-Charakteristika immer wieder aufgegriffen. Es wird höchstens einmal eine typische Nerd-Eigenschaft hinzugefügt oder der ewige Streit zwischen Nerds und Jocks in einen moralischen Rahmen gezwängt. In *Can't Buy Me Love* (1987) mietet der Nerd-Junge Ronald Miller das beliebte Mädchen Cindy Mancini als seine Freundin, wodurch er in der Schule plötzlich zu den »coolen« Jungs gehört. Schon bald vernachlässigt er seine früheren Nerd-Aktivitäten (Rasenmähen für Taschengeld, Kartenspielen, Football im Fernsehen anschauen statt selbst zu spielen) und seine Nerd-Freunde (die altbekannte Gruppe schlauer, verpickelter Brillenträger). Auf dem Schulhof zieht Ronald vom Nerd-*ward* (der Nerd-Ecke) in den Kreis der Jocks um. Schließlich kommt natürlich alles heraus, und er wandert, allein und verlassen von allen, wieder zurück in die Nerd-Ecke. Der Film hat ein typisch amerikanisches, dramatisch-gutes Ende. Ronald hält eine flammende Rede vor der ganzen Schule: Nerds seien auch Menschen, und es gehe doch nicht nur darum, wie man aussieht. Danach zeigt der Film ein utopisches Bild: Verständnis zeichnet sich auf den nicht allzu hellen Gesichtern der Jocks ab. In der Realität dagegen nimmt die physische Unterdrückung von Nerds immer mehr zu, worüber sie sich im Internet fortwährend beklagen. (Siehe beispielsweise das Gedicht von Arak »I am a Nerd« auf Seite 73.)

Zurück zum universalen Nerd

Hollywood-Filme haben dem Nerd die Aufmerksamkeit des breiten Publikums beschert, aber auch zu einer übertriebenen, stereotypen Festlegung auf den Naturwissenschafts-Nerd geführt. Wenn in einem Film oder einer Serie ein Nerd vorkommt, dann hat er unter Garantie etwas mit Computern oder Naturwissenschaften zu tun. Die Nerd-Tochter Saffie aus der britischen TV-Komödie *Absolutely Fabulous* beispielsweise studiert etwas Ähnliches wie Medizin oder medizinische Biologie, und der gehemmte Autist Raymond im Film *Rain Man* kann außergewöhnlich gut kopfrechnen. Der reinrassige Nerd Skippy (mit vollem Namen: Skippy Handleman) aus der amerikanischen Fernsehserie *Hilfe, wir werden erwachsen* ist ebenfalls Naturwissenschaftler. Und das ist noch nicht alles: Fast alle Film- und Fernseh-Nerds sind ausgesprochene Looser. Nur ein einziger Film verzichtet auf dieses vereinfachende Stereotyp: V*ernetzt: Johnny Mnemonic* (1995), ein Kinofilm, in dem der Gebrauch von Computern und technologisches Wissen gerade mit besonderer Männlichkeit assoziiert werden. Johnny Mnemonic – dargestellt von Keanu Reeves – ist eine Art Agent 007, und er wird angeheuert, um eine riesige Menge (320 Gigabytes) an Informationen zu transportieren. Wie schon sein Nachname andeutet (*mnemonic* = Gedächtnisstütze), sind die Daten in seinem Gedächtnis zwischengelagert. Johnny Mnemonic war der erste echte Cyberheld auf der Leinwand. Der Einfluß solcher positiv besetzter Figuren könnte die Film-Nerds endlich von ihrem tödlichen Looser-Image befreien, falls nicht vorher die amerikanische Nerd-Pride-Bewegung diese Veränderung zuwege bringt (siehe Kapitel »Erste Bekanntschaft mit dem Nerd«). Eine praktische Lösung für dieses Problem wurde schon vor langer Zeit in einem SF-Film vorgestellt, der genau wie die Nerds gleichermaßen verabscheut wie geliebt wird. In der Trilogie *Star Wars* (I, II und III) werden dem Menschen ganz einfach seine nerdischen Eigenschaften genommen, und das Nerdtum liegt ausschließlich bei den Robotern: der mülleimerförmigen Maschine R2-D2 und dem anthropomorphen Roboter C-3PO.

In den späten neunziger Jahren vollzieht sich in bezug auf das Bild des Nerd in Film und Fernsehen ein allmählicher Wandel, und zwar nicht mehr nur in europäischen Filmen oder solchen mit Kultstatus. Wayne (Myke Myers) in *Wayne's World* (1992) ist beispielsweise ein reinrassiger Nerd. Aber – und das ist neu – er ist kein Naturwissenschaftler, und er ist trotz der Tatsache, daß er zu Hause wohnt und keinen Job findet, eine Art Held.

Seit 1999 hat das Aufbegehren der Nerds, so der *Spiegel* 24/99, auch das klischeegeladenste Genre der Hollywood-Industrie erreicht: den High-School-Teenagerfilm. Beispiele für die Rehabilitation der Nerds im Kino sind *Ungeküßt, 10 Dinge, die ich an dir hasse* und *Eine wie keine!*.

**Porträt: Der Nerd im Menschen
(Mr. Bean und sein Schöpfer)**

Eine weitere positive Entwicklung ist die weltweite Popularität englischer Komiker, allen voran *Rowan Atkinson* alias *Mr. Bean*. Obwohl er auf seine Art etwas Besonderes ist, treffen auf Mr. Bean unverkennbar sämtliche Nerd-Kritierien zu. Dabei wird er allerdings keineswegs mit Informatik oder irgendeiner anderen Wissenschaft in Verbindung gebracht (wobei sowieso nicht klar ist, was er eigentlich tut). Noch entscheidender ist, daß Mr. Beans Verhalten zwar allgemein als vollkommen verrückt betrachtet wird, gleichzeitig aber in der Realität jedes einzelnen wiedererkennbar ist. Damit zeigt Rowan Atkinson, daß in jedem Menschen ein Nerd steckt. Vielleicht also wird Mr. Bean einmal als Wegbereiter eines positiveren Nerd-Bildes in Film und Fernsehen gefeiert werden.

Was aber ist mit seinem Schöpfer? Rowan Atkinson hat sich in den letzten Jahren ein höchst kommunikatives Auftreten angeeignet. Vor allem bei der Präsentation des Kinofilms *Bean: Der ultimative Katastrophenfilm* (1997) setzte er alles daran, den Unterschied zwischen dem Schauspieler und seiner weltberühmten Figur Mr. Bean deutlich zu machen. Es könnte sein, daß sich Rowan Atkinson in der Tat verändert hat. Bei vielen Nerds macht sich ab einem gewissen Moment das Alter bemerkbar, so daß sie das Pennälerhafte des Nerds doch noch ablegen. Bei diesem Prozeß spielen Frauen oft eine entscheidende Rolle, und Atkinson ist in der Tat seit einiger Zeit verheiratet. Doch dies kann nicht über die Tatsache hinwegtäuschen, daß Rowan Atkinson und Mr. Bean jahrelang ein und dieselbe Person waren, wobei Mr. Bean eindeutig die Oberhand hatte. Atkinsons Kollege John Cleese hat einmal ganz ehrlich zugegeben, daß das paranoide Verhalten des von ihm gespielten Basil Fawlty in der komischen Hotelserie *Fawlty Towers* in Wirklichkeit seinem eigenen entsprach, und diese Enthüllung schadete seinem Ruf als Komiker nicht im geringsten. Atkinson dagegen wirkt momentan so, als habe er den Kampf gegen seine Figur gewonnen. Wir halten es jedoch für unwahrscheinlich, daß der Mr. Bean in ihm sich so mir nichts, dir nichts geschlagen gibt.

Vor ein paar Jahren wurde ein ehemaliger Nachbar von Rowan Atkinson ausfindig gemacht. Damals war der Schauspieler in England bereits die absolute Nummer eins und auf dem besten Wege dazu, mit seinen Geschöpfen Black Adder und natürlich Mr. Bean international berühmt zu werden. Der Nachbar wurde nach seinen Erfahrungen gefragt, die er mit Atkinson gemachte hatte, während er mit dem Genie Tür an Tür wohnte. »Nun«, antwortete der Mann, »ich empfinde zwar große Bewunderung für seine Leistungen, aber ich bin ehrlich gesagt froh darüber, daß er weg ist. Wenn er nicht eines Tages plötzlich weggezogen wäre, hätte ich es getan.« Der Nachbar war anscheinend monatelang von Atkinson terrorisiert worden, ohne daß er je den Grund dafür herausfand. »Natürlich habe ich lange darüber nachgedacht. Aber mir fiel nur ein, daß ich eigentlich noch nie mit ihm gesprochen hatte, bevor es anfing. Ich hatte ihn höchstens einmal gegrüßt.« Als der Nachbar eines Tages nach Hause kam und den Schlüssel ins Schloß steckte, konnte er nicht ahnen, daß er dadurch einen in der Tür versteckten Mechanismus in Gang setzte. Dieser aktivierte eine Feder, die einen Boxhandschuh in Augenhöhe nach draußen stieß. Der Nachbar bekam einen Kinnhaken, ging k.o. und lag einige Minuten lang ohnmächtig auf dem Rasen seines Vorgartens. »Alles wies darauf hin, daß es nur Atkinson gewesen sein konnte«, erzählte er. »Daraufhin ging ich zu ihm, um mit ihm zu reden. Er war ganz vernünftig, auch wenn er nicht erklären konnte oder wollte, was ihn zu seiner Tat bewogen hatte. Ich habe dann keine weiteren Schritte gegen ihn unternommen. Einige Wochen später wurde ich plötzlich von einem merkwürdigen Geruch geweckt. Mir war schwindelig, und ich öffnete das Fenster, um etwas frische Luft zu schnappen. Dies hat mir womöglich das Leben gerettet.« Unter seinem Schlafzimmerfenster entdeckte der Nachbar eine Ladung gärenden Pferdemists. Durch einen Schlauch wurde das im Misthaufen entstehende Biogas in sein Schlafzimmer geleitet. Der Nachbar hätte leicht daran ersticken können. Er berichtete: »Als er weg war, dachte ich, es könne nicht mehr lange dauern, bis er ins Kittchen wandern würde. Das nächste, was ich von ihm hörte, war allerdings, daß er mit einer Figur Berühmtheit erlangte, die genau so merkwürdige Dinge ausheckte, wie er sie mit mir getrieben hatte. Als hätte er mit mir für die Figur von Mr. Bean üben wollen.« Die Journalisten betrieben daraufhin weitere Nachforschungen und entdeckten zahllose Indizien für Bean-Verhaltensweisen im Leben Rowan Atkinsons. Es bleibt die Frage offen, wer wen spielt: Spielt Mr. Bean die Rolle von Rowan Atkinson, oder, anders gefragt, hat es Rowan Atkinson möglicherweise nie gegeben?

Die folgende Übersicht enthält eine Reihe von Nerd-Filmen in chronologischer Reihenfolge – d. h. Filme, die das Wort *Nerd* im (Original-)Titel tragen, die offensichtlich von Nerds handeln oder von Nerds bevorzugt werden. Die meisten gibt es auf Video, beispielsweise die längst total abgenudelte *Rache-der-Eierköpfe-Serie*. Nach den anderen muß man eventuell ein wenig suchen. Soweit zu ermitteln, wurde der deutsche Verleihtitel angegeben.

(Tip: Mit ein wenig Phantasie können Sie Ihre persönliche Nerd-Suche in der hervorragenden Internet Movie Database starten. Kombinieren Sie beispielsweise Albert Einstein und Marilyn Monroe als Filmcharaktere mit den Schauspielern Theresa Russel und Tony Curtis. Bei richtiger Ausführung erhält man als Ergebnis den seltsamen Film Insignificance: Die verflixte Nacht *(1985) von Nicolas Roeg. Die Adresse der Internet Movie Database: http://www.imdb.com.)*

– *Leoparden küßt man nicht* (USA, 1938)
– *Feuerzangenbowle* (D 1944)
– *Naked Dreams of the Naughty Nerd* (USA, 1967)
– *Star Trek* (1966–1969, erste, beste und darum einzige hier aufge-
    führte Staffel)
– *Is was Doc?* (USA, 1972)
– *Star Wars I, II und III* (USA 1977–1983)
– *Q en Q* (NL 1978)
– *Closet Cases of the Nerd Kind* (USA 1980)
– *Mit Pauken und Trompeten* (NL 1981)
– *Die Rache der Eierköpfe* (USA 1984)
– *L.I.S.A. – Der helle Wahnsinn* (USA 1985)
– *Zurück in die Zukunft I, II und II* (USA 1985, 1987, 1989)
– *Abel* (NL 1986)
– *Die Rache der Eierköpfe II: Die Supertrottel* (USA 1987)
– *Can't Buy Me Love* (USA 1987)

- *Assault of the Party Nerds* (USA 1989)
- *Nerds of a Feather* (USA 1990)
- *Killer Nerd* (USA 1991)
- *Die Rache der Eierköpfe III: Operation Kleinhirn* (USA 1992)
- *Bride of the Killer Nerd* (USA 1992)
- *Wayne's World I* (USA 1992)
- *Assault of the Party Nerds* (USA 1993)
- *Wayne's World II* (USA 1993)
- *Die Rache der Eierköpfe IV: Chaos Kings* (USA 1993)
- *IQ* (USA 1994)
- *Vernetzt: Johnny Mnemonic* (USA 1995)
- *Triumph of the Nerds* (USA 1996)
- *Bean: Der ultimative Katastrophenfilm* (GB 1997)
- *Nach fünf im Urwald* (D 1997)
- *Zugvögel* (D 1998)
- *23* (D 1999)

6 Was macht Dilbert auf Hemingways Stuhl?
Nerds als Roman- und Comicfiguren

Aus heutiger Sicht ist der bucklige Quasimodo aus Victor Hugos Roman *Der Glöckner von Notre-Dame* (1831) der erste Nerd in der modernen westlichen Literatur. Er lebt verborgen (Glockenturm), hat ein seltsames Hobby (Glockenläuten), ist unglücklich verliebt (in Esmeralda) und bietet von seinem Äußeren alle Voraussetzungen, damit diese Liebe niemals erwidert werden kann. Kurz: das Schicksal spielt ihm übel mit. Quasimodo kann allerdings nur schwer in unsere Zeit übertragen werden. Nerds wie er sind heutzutage ein Fall für die Sonderschule und kriegen höchstens einen Job in einer Behindertenwerkstatt. Kein zeitgenössischer Autor würde es zudem wagen, einen Quasimodo-Typen zur zentralen Figur eines Romans zu erwählen – die politisch korrekte Öffentlichkeit würde dies umgehend als herzlose Diskriminierung kritisieren. Daraus lernen wir, daß Nerds als Romanfiguren im Rahmen ihrer eigenen Epoche betrachtet werden müssen. Der Nerd im heutigen Sinne kann daher als Romanfigur erst nach 1945 auftreten.

Bis jetzt begegnet uns der Begriff »Nerd« selbst ausschließlich in amerikanischen Buchtiteln. Werke wie *Revenge of the Nerds* von John McNamara (1984) und *Jocks and Nerds: Men's Style in the 20th Century* (1989) spiegeln die amerikanische Diskussion über das Nerd-Phänomen wider. Das wahre Wesen des Nerd kommt darin allerdings nicht so recht zum Ausdruck. Doch auch vor Beginn der achtziger Jahre existierte in Amerika bereits eine unvergleichliche Nerd-Figur: Ignaz J. Reilly, genialer Sonderling und Hauptperson im Roman *Ignaz oder Die Verschwörung der Idioten*. Der amerikanische Autor John Kennedy Toole (1937–1969) versetzt sich in diesem Werk auf ebenso glaubwürdige wie komische Weise in die

Gedankenwelt eines Menschen, der absolut anders ist als alle anderen. Man kann dieses Buch geradezu als Plädoyer für eigensinniges oder unangepaßtes Verhalten lesen. Zunächst lebte die Figur des Ignatius Reilly jedoch jahrelang in der Anonymität. Sein geistiger Vater John Kennedy Toole verübte im Alter von 32 Jahren Selbstmord, ohne *Die Verschwörung* jemals publiziert zu haben. Erst elf Jahre nach seinem Tod wurde das Buch entdeckt. Mittlerweile haben Buch, Autor und die Hauptfigur Ignatius Reilly Kultstatus erlangt.

Für die Verewigung des *Computer*-Nerds oder *geeks* hingegen ist seltsamerweise kein Amerikaner verantwortlich, sondern ein Kanadier: Douglas Coupland beschreibt in seinem äußerst aufschlußreichen Werk *Microsklaven* (vgl. Kapitel 14) das Leben und die Denkweise junger Arbeitnehmer in der Computerindustrie, zunächst auf dem Gelände von Microsoft, danach im multimedia-verrückten Silicon Valley. Ebenso wie jede Homepage über *geeks* oder Nerds im Internet beginnt auch dieses Buch mit Bill G. und den mittlerweile legendären Sätzen: »Heute morgen um kurz nach 11.00 hat sich Michael in seinem Büro eingeschlossen und ist seitdem nicht wieder rausgekommen. Bill (Bill!) hat Michael per E-Mail einen höllischen fiesen Flame-Brief geschickt.«

Der *anorak*, der typisch britische Verwandte des Nerd, konnte natürlich nirgendwo anders literarisch verewigt werden als in Großbritannien selbst. In *Hemingways Stuhl* (1996) von Michael Palin (einem der Köpfe des *Monty-Python*-Teams) begeistert sich ein Postbeamter für ein Hobby, das, wie bei so vielen Nerds, mit der Zeit völlig von ihm Besitz ergreift: Er ist besessen von dem amerikanischen Autor Ernest Hemingway. Auf einer Auktion kauft er einen Stuhl, in dem der Meister einst gesessen haben soll. Allein zu Haus, kopiert er den berühmten Schriftsteller, mit einer Pfeife im Mund auf dem Stuhl sitzend und schreibend. Und so nimmt das Schicksal des nerdigen Hemingway-Postbeamten unbarmherzig seinen Lauf …

Rezept: Grillen-Schokoladenplätzchen

Man nehme:

2 Tassen Mehl

1 Messerspitze Salz

1 Tasse Butter

1/2 Tasse weißen Zucker

1/2 Tasse braunen Zucker

1 Messerspitze Vanillezucker

2 Eier

100 g Schokoladenchips

1 Tasse gemahlene Haselnüsse

1/2 Tasse geröstete Grillen

Den Backofen auf 275 Grad vorheizen. Mehl und Salz in einer extra Schüssel vermengen. In einer anderen Schüssel Butter, Zucker, braunen Zucker und Vanillezucker schaumig rühren. Die Eier hinzufügen und die Creme weiter schlagen. Dann nach und nach die Mehlmischung und die Grillen hineingeben und gut unterrühren. Zum Schluß die Schokoladenchips unterheben. Den Teig in kleinen Häufchen auf Backpapier setzen. Acht bis zehn Minuten im (vorgeheizten) Ofen backen. Fertig!

Der *Comic-Nerd* ist, was seine Charakteristika betrifft, wie die meisten Comic-Figuren in der Regel eine recht platte Gestalt. Er hat kein Sexualleben und außer seinen stereotypen Nerd-Eigenschaften nur wenig Persönlichkeit. In *Tim und Struppi* beispielsweise spielt Professor Bienlein eine wichtige Rolle – und legt dabei eine ganze Skala nerdischer Spezialitäten an den Tag. Zunächst tritt er als Erfinder (u. a. des Hai-U-Bootes und der Kleiderbürstmaschine) auf; in späteren Ausgaben sieht man ihn als Sternenkundler und Raketenbauer wieder. Noch später entwickelt er sich zum Konstrukteur einer Angriffswaffe, die mit Ultraschall arbeitet. Er ist nicht nur Atomwissenschaftler, sondern auch Spezialist für die Inka-Kultur und vieles mehr. Ein Handicap bewirkt jedoch, daß man ihn nicht allzu ernst nimmt: Er ist ziemlich schwerhörig. Der andere bekannte Comic-Nerd ist Daniel Düsentrieb, der geniale und stets etwas schusselige Erfinder aus Entenhausen. Ein Parade-Nerd schließlich ist Alfred E. Neumann, das »Gesicht« des Witzblatts *Mad* – zugleich mondgesichtiger Junge und Erwachsener, womit die häufigste Eigenschaft von Nerd-Kindern gut eingefangen ist: Altklugheit.

Der lebensechteste Comic-Nerd ist jedoch mit Abstand *Dilbert* (vgl. S. 119 f.). Dilbert arbeitet im Büro, wohnt in einem Haus und hat ein Bankkonto. Realistischerweise hat Dilbert zwar zahllose Kollegen, aber nur einen Freund: den Hund Dogbert. Dilbert hat bereits alle Frauen im Büro gefragt, ob sie einmal abends mit ihm ausgehen würden. Die meisten erfinden eine Ausrede, und wenn mal eine mitgeht, endet der Abend stets mit einer Katastrophe. Um das Leben seines Helden nicht zu lebensecht (und damit unerträglich) wirken zu lassen, hat der Zeichner Scott Adams dem Hund Dogbert einige menschliche Züge verliehen.

7 »…smarter than you«
Ein Nerd-Gedicht

Das folgende Gedicht hat ein gewisser Arak im Internet publiziert. Es handelt von der klassischen Beziehung zwischen den Strebern – den Nerds – und den coolen Jungs in der Schule. Wir geben das Gedicht hier in der Originalsprache Englisch wieder, da es bei einer Übersetzung ins Deutsche viel von seiner tragischen Ausdruckskraft verlieren würde. Außerdem sind Cheerleader und Football hierzulande (bisher) noch nicht allzu weit verbreitet. Trotzdem können sich sicher auch viele deutsche Nerds mit Araks Versen identifizieren.

I am a Nerd

I have always been smaller than you.
I have always been weaker than you.
I have always been smarter than you.

For this you hate me.
Resent me.
Envy me.

You call me names in gradeschool.
You beat me up.
And steal my lunch money.

In junior high, you tease me.
Ignore me.
Spread rumors about me.

You take my pants from me in gym class,
And hang them from the flagpole.
And everyone laughs at me.

In high school, you torment me.
You exert your »superiority« by winning the football game.
And talking about how you fucked the head cheerleader
    last night.

I strive to succeed in school.
Only to be mocked and laughed at when I do.
Yet you still come to me for help when you're failing math.

You talk to me.
Become friendly to me.
Just so long as you need me.

I believe you.
I think »Maybe he's finally matured«.
And I always help you.

And as soon as you're through with me,
You return to your old ways.
I never learn.

I live in my own society.
Of geniuses and outcasts.
You fear and hate us.

The lines are drawn.
You resort to petty insults and violence.
You try to feel superior.

But this will all change someday.
Your glory days will be over.

You will end up being some menial worker.
In a third rate job, getting third rate pay.
And I will be the manager.

And while you were fucking some cheerleader,
I was busy befriending some girl that you deemed unattractive.
And our relationship lasted.

I married my girlfriend.
Where is your bimbo?
Oh, that's right – you're not in your prime anymore.

All you had going for you was your muscles.
I have my mind.
And that ist what really counts.

I guess being a nerd payed off.

8 Das Problem mit der Fortpflanzung: Der Nerd und die Biologie

Struggle for life – survival of the nerds?

Das Leben in unserer modernen westlichen Gesellschaft erfordert ein hohes Maß an Anpassung. Dabei gilt, daß unsere Mitmenschen um so mehr auf normgerechtes Verhalten Wert legen, je angepaßter wir bereits sind. Auf einen halbnackten Mann, der mit Schaum vor dem Mund randalierend die Einkaufspromenade entlangrennt, reagiert das einkaufende Publikum relativ gelassen. Legt jedoch eine gesetzte Dame in Mantel und Pumps ein derartiges Verhalten an den Tag, sind die Umstehenden völlig schockiert. Der halbnackte Mann wird als außergesellschaftliches Phänomen betrachtet und deswegen ignoriert. Innerhalb der Gesellschaft jedoch ist die Toleranz in bezug auf normabweichendes Verhalten viel geringer.

Nerds stehen mit dieser von der Gesellschaft geforderten Anpassung auf Kriegsfuß. Manche männlichen Nerds zeigen dies sehr deutlich. Sie tragen schlecht sitzende Hosen und unmoderne Schuhe und knöpfen ihr Hemd – das sie ohne Schlips tragen – bis zum Adamsapfel zu. Solche Nerds weisen außerdem häufig ein ziemlich abstoßendes Aussehen auf, zumindest in gewissen Details: dicker Schmierfilm auf der Brille, ungepflegte Haare und/oder Zähne, Schweißgeruch und Knoblauchatem. Bei Mädchen ist der gesellschaftliche – beziehungsweise biologische – Anpassungsdruck allerdings wesentlich stärker. Weibliche Nerds lassen es daher nur selten an körperlicher Hygiene fehlen. Sie zeichnen sich eher durch defensives Verhalten aus: Sie stehen beispielsweise oft mit dem Rücken zur Gruppe, schauen auf den Fußboden oder an die Tafel und geben Bemerkungen zum besten, die bei der »coolen« Mädchengruppe unweigerlich blanke Wut hervorrufen.

Genauer betrachtet zeigen die meisten Nerds wirklich nur in Details abweichendes Verhalten. Doch gerade diese kleinen Dinge sind es, die weitreichende Folgen haben. Indem er den allgemein akzeptierten Verhaltensnormen nicht entspricht, gibt der Nerd implizit zu verstehen, daß er oder sie nicht am anderen Geschlecht, an Sex oder Fortpflanzung interessiert ist. (Jeder, der einmal so richtig verliebt war, kennt die schrecklichen Auswirkungen, die Kleinigkeiten wie ein Pickel, verschwitzte Hände oder Spinat zwischen den Zähnen nach sich ziehen können – bzw., wie stark man sich *einbildet*, sie könnten den oder die Angebetete(n) abschrecken.) Evolutionsbiologisch gesehen ist das unangepaßte Verhalten der Nerds äußerst unlogisch – was wiederum ganz und gar atypisch für den Nerd ist, da er ja – Vorbild Mr. Spock – ganz auf Logik bedacht ist. Warum also wollen Nerds, die vom Wert ihrer Eigenschaften und Anlagen ja durchaus überzeugt sind, ihre Gene nicht an folgende Generationen weitergeben?

Eine mögliche Erklärung liegt darin, daß sich Nerds von frühester Jugend an auf andere Dinge konzentrieren. Während die anderen Kinder mit anthropomorphen Spielsachen wie Playmobil, Ken und Barbie spielen, beschäftigen sie sich mit Lego, Mecano, später Fischer-Technik und noch später mit Molekül-Baukästen. In ihrer tiefen Konzentration entgeht es den Nerds ganz einfach, daß sie mittlerweile in einem erwachsenen Körper stecken, daß sie einem Geschlecht zugehören und daß es dazu ein Pendant gibt. Und je nach Beruf kann es auch noch eine Weile dauern, bis sie dahinterkommen. So geht es beispielsweise den geeks (Computernerds) aus Coplands Roman *Microsklaven*. Nach der Universität oder Fachhochschule sitzen sie erst mal acht bis zehn Jahre vor einem Bildschirm und schreiben Programme für Microsoft, IBM, APPLE, Sega oder Nintendo, bevor sie entdecken, daß sie noch ledig sind. Im Internet hat man inzwischen erkannt, daß (Computer-)Nerds auf dem Gebiet der Liebe vielleicht etwas Nachhilfe gebrauchen könnten. Verschiedene Sites preisen sie daher eifrig als ideale Schwiegersöhne bzw. -töchter an, ungefähr so: »Schließlich sind sie meistens verfügbar, eine praktische Hilfe im Haushalt, und andere werden sie Ihnen nicht so schnell abspenstig machen wollen.«

Doch ganz so einfach läßt sich das Problem mit der Fortpflanzung nicht aus der Welt schaffen. Wenn man das Verhalten der meisten Nerds betrachtet, drängt sich nämlich der Verdacht auf, sie legten sich ganz bewußt ein normabweichendes Äußeres zu, um ihre geistige Unabhängigkeit unter Beweis zu stellen. Wäre es in ihrer Umgebung normal, bemooste Zähne zu haben und Hochwasserhosen zu tragen, würden sie vermutlich topgepflegt und nach der neuesten Mode gekleidet herumlaufen. Die Konsequenzen für den sexuellen Selektionsprozeß übersehen sie dabei völlig. Das Schlimme daran ist, daß der Nerd sehr wohl Hormone besitzt. Er oder sie wird sich daher, meist etwas später als andere Altersgenossen, auf die Suche nach einem Sexualpartner begeben. Doch die Natur ist unerbittlich. Mit all ihren zarten Sehnsüchten nach Liebe und – etwas verborgener – nach körperlichen Zärtlichkeiten bekommen Nerds regelmäßig knallharte Körbe verpaßt. Man kann es ihnen daher nicht verübeln, daß sie sich gemeinsam mit ihren Artgenossen in den Ausbau ihrer geistigen Fähigkeiten flüchten. Schließlich ist die Leidensfähigkeit eines jeden begrenzt – und Nerds sind schließlich auch nur Menschen.

Im übrigen ist die biologische Ausgrenzung von Nerds stammesgeschichtlich betrachtet längst überholt. Der Nerd ist durchweg sympathisch, seine Talente tragen zum Gemeinwohl bei, und seine unterentwickelte Motorik hat nicht länger negative Auswirkungen auf seine Überlebenschancen. Trotzdem stößt das genetische Material dieses liebenswerten Wesens noch immer auf tiefverwurzeltes Mißtrauen. Nicht-Nerds sollten sich wirklich einmal besinnen und sich die negativen Folgen dieser sexuellen Selektion vor Augen halten.

Zum Glück ist das Junggesellendasein von Nerds meist altersgebunden. Nerds sind ausgesprochene Spätentwickler und brauchen lange, bis sie endlich ganz erwachsen werden. Weibliche Nerds tauschen meist etwa Ende Zwanzig ihr Nerdtum gegen die Mutterschaft ein, und männliche Nerds lassen sich erfahrungsgemäß nach ihrem fünfunddreißigsten Lebensjahr leichter verkuppeln. In diesem Alter kann man bei vielen einen leichten Rückgang ihres eigenwilligen Verhaltens feststellen. Sie wechseln öfter von *geekspeak* in normale Umgangssprache, kleiden sich modischer, und manche schaffen sich sogar Kontaktlinsen an. Dies geschieht nicht zufällig in einem Alter, in dem viele bereits große Karrierefortschritte gemacht haben, etwa von der Entwicklungs-/Analyseabteilung ins Management oder vom Programmierer zum Salesmanager. (Eine typische Huhn-oder-Ei-Frage ist die, ob im Leben eines Nerd zuerst der Karrieresprung kommt oder die Verhaltensanpassung.) Man betrachte sich etwa das veränderte Aussehen von Bill G. Das zerknautschte Gesicht und die falsche Brille sind geblieben, doch darunter erblickt man nun immer öfter gebügelte Oberhemden und Bundfaltenhosen oder Modelle mit Bügelfalte.

Tatsache ist auf jeden Fall, daß die gesellschaftliche Anerkennung gewisser Qualitäten sich stets in einem höheren Gehalt niederschlägt – und Geld verleiht schon seit seiner Erfindung eine Menge Sex-Appeal.

E-mail: Liebe auf den ersten Blick?

Eine weitere vielversprechende Entwicklung auf dem Weg zur evolutionsbiologischen Eingliederung der Nerds ist die Tatsache, daß inzwischen auch viele Nicht-Nerds *electronic mail* (E-mail) nutzen. Für den *newbie* (den neuen Internet-Benutzer): Elektronische Post verschickt man über das weltweite Computernetzwerk Internet. Die Botschaft wandert von Ihrem Computer aus durch das Telefonnetz zum Computer einer anderen Person. Die entsprechenden E-mail-Adressen bekommen Computernutzer meist aus dem Internet. Viele Leute, die ihre eigene Homepage haben, geben die Adresse ihres elektronischen Briefkastens an oder bieten die Möglichkeit, direkt Botschaften zu hinterlassen. Viele Computerbenutzer lernen sich auch über *newsgroups* oder Diskussionskreise im Netz kennen. Wenn man sich für ein bestimmtes Thema interessiert, hinterläßt man einfach seine Adresse. Auf Wunsch bekommt man dann alle Berichte über das entsprechende Thema gemailt und kann daraufhin an der Diskussion darüber teilnehmen. Die Netiquette – die ungeschriebenen Benimmregeln für Internet-User – verlangt im Prinzip, daß man sich zu erkennen gibt. Doch wenn es um bestimmte heikle Themen geht – z. B. Sex oder Liebe, oder auch um konkrete Personen –, ist es durchaus üblich, anonym oder unter einem Decknamen Botschaften zu verschicken.

Nerds waren, was die Umgangsformen im Internet und beim Mailen betrifft, Trendsetter. Schließlich trieben sie sich schon im Internet herum, als das durchschnittliche Büro gerade erst die Vorteile eines Faxgerätes entdeckte. Newbies haben sich bis jetzt den Nerd-Vorgaben im großen und ganzen angepaßt, was man daran sieht, daß das Internet bis heute offen und vielseitig geblieben ist. E-mail ist im allgemeinen sehr informell und statusnivellierend; bombastische Titel beispielsweise sind verpönt. Man redet sich mit dem Vornamen an und duzt sich, und zwar nicht nur, wenn man auf englisch, der lingua franca des Internet, kommuniziert. Im Internet ist Nerd-Verhalten folglich die Norm: Die Leute verhalten sich wie Nerds, nämlich einfach so, wie sie sind.

Was die ersten Schritte in der Liebe angeht, so wird das bisher übliche Verfahren im Internet völlig auf den Kopf gestellt. Man lernt zuerst die Gedanken oder Ansichten des anderen kennen, noch bevor man beispielsweise seinen Geruch oder seine Stimme wahrgenommen hat. Weil Internet-User über die ganze Welt verstreut sind, kommt es sogar häufig vor, daß man sich in der Realität nie begegnet. Das Netz ist daher kein geeignetes Terrain für den Macho oder das dumme Blondchen. Dafür aber um so mehr für den Nerd! Das Internet versetzt weibliche wie männliche Nerds in die Lage, ihre angeborene oder erworbene Menschenangst zu überwinden. Die gefürchtete körperliche Konfrontation mit einem potentiellen Partner kann schließlich bis zum äußersten hinausgeschoben werden. Im Roman *Microsklaven* gibt es eine schöne Geschichte über die Liebe im Internet. Der junge geniale Programmierer Michael trifft im Netz anonym eine verwandte Seele. Er verliebt sich bis über beide Ohren in den Geist dieses unbekannten Programmierers, obwohl er nichts über seinen Geliebten weiß: weder Alter noch Geschlecht, vom Aussehen ganz zu schweigen. Daraufhin bittet er seinen besten Freund, für ihn Erkundigungen einzuziehen und dem Wesen in seinem Namen seine Liebe zu erklären: ob Mann oder Frau, ob alt oder jung. Lesen Sie *Microsklaven*, wenn Sie wissen wollen, wie die Geschichte ausgeht.

Nicht nur in der Literatur blüht die Internet-Liebe. Im Sommer 1997 surfte beispielsweise eine gewisse Jennifer im Netz und klickte sich zufällig in die Homepage (http://www.grabowsky.nl/~piet/) des 34jährigen Junggesellen und Fußballfans »Piet« (ein Deckname) ein. Es war Liebe auf den ersten Blick! Jennifer fühlte sich sofort vom ruhigen, intelligenten Ton der Homepage angesprochen, und Piet war seinerseits so beeindruckt von Jennifers E-mails, daß er sich noch nicht einmal etwas daraus machte, daß sie Fan einer anderen Fußballmannschaft war. Nach einer stürmischen Periode des Kennenlernens und vielen, vielen E-mails verabredeten die beiden, sich nun auch gegenseitig ihr Äußeres zu enthüllen. Beide scannten ein Paßfoto ein und schickten es dem anderen. Gespannt warteten sie auf die Reaktion.

Jennifer meldete sich als erste: »Piet, Du bist wirklich der Mann meines Lebens.« Piet mailte zurück: »Jennifer, Du bist das schönste Mädchen auf der ganzen Welt.« Daraufhin schickten beide gleichzeitig dieselbe Botschaft ab: »Laß uns heiraten!« Und so wurde die

Hochzeit beschlossen. Das Datum steht bereits fest: der 4. Februar 2002. Wenn Jennifer achtzehn wird.

Porträt: Der vergessene Nerd (Matthias Rust)

»Matthias ist immer ein ganz normaler Junge gewesen«, erklärten seine Eltern der Presse. Seine Klassenkameraden hatten noch gar nicht bemerkt, daß er verschwunden war, doch sie meinten, ungefragt mitteilen zu müssen, daß Matthias bei den Mädchen nicht besonders beliebt war. Was die Mädchen nur bestätigen konnten: »Ein Sonderling. Ich habe noch nie mit ihm gesprochen. Ich habe mich allerdings gefragt, ob er überhaupt mit irgend jemandem spricht.« Es war und blieb die große Frage, was *Matthias Rust* zu seiner Tat bewogen hatte. Bis ein kleines, verlegenes Mädchen – eine Art weiblicher Matthias, genau wie er neunzehn Jahre jung – etwas zu den Journalisten sagte, ganz leise, so daß es später nur in einem kleinen Artikel in der Ecke der Zeitung zu lesen war. »Matthias hat gesagt, daß er etwas Großes vollbringen wollte und daß er eines Tages die Welt beherrschen würde«, sagte sie. Es hatte sie selbst erstaunt, denn es war das erste Mal gewesen, daß Matthias sie angesprochen hatte. Nach seiner Mitteilung war er sofort weitergegangen. Erstaunt hatte sie ihm nachgerufen: »Aber wer bist du denn?« – »Matthias Rust!« hatte er zurückgeschrien. Sonst hätte sie nie erfahren, daß es dieser seltsame Junge war, der die Welt tatsächlich einmal mächtig überraschen sollte.

Am 28. Mai 1987 steigt der 19jährige angehende Computertechniker Matthias Rust in ein Sportflugzeug. Er hat die Cessna 172 beim Hamburger Aero Club gemietet, bei dem er Mitglied ist. Trotz seiner Jugend hat er schon seit einiger Zeit seinen Flugschein und bereits eine ordentliche Anzahl Flugstunden. Von Hamburg aus fliegt er zunächst nach Island und von dort aus nach Bergen in Norwegen. Möglicherweise sollte diese Route ein Ablenkungsmanöver darstellen; vielleicht war es auch eine Übung im Langstreckenflug. Danach fliegt er jedenfalls weiter nach Helsinki, wo er beim Auftanken angibt, nach Stockholm unterwegs zu sein. Einmal wieder in der Luft, dringt er in den sowjetischen Luftraum ein. Man befindet sich noch in den Nachwehen des kalten Krieges. Gorbatschow ist zwar bereits an der Macht, doch zu jener Zeit ist noch keineswegs absehbar, daß es eine Entspannung zwischen Ost und West tatsächlich geben wird. Über der Sowjetunion bekommt Matthias zweimal Gesellschaft von Kampfflugzeugen, doch er fliegt einfach weiter. Der Luftraum zwischen Helsinki und Moskau, 700 Kilometer Luftlinie, gilt mit circa 10 000 Radarüberwachungsstationen als der schwerstbewachte der ganzen Sowjetunion. Matthias aber fliegt seelenruhig weiter, auf dem Weg zum Roten Platz.

Am 29. Mai 1987 nimmt die ganze Welt Notiz von unserem Nerd. Nachrichtensender melden, daß der junge Westdeutsche am gestrigen Tag mit einem kleinen Sportflugzeug in den sowjetischen Luftraum eingedrungen ist und ungehindert bis nach Moskau fliegen konnte. Dort angekommen, dreht er einige Runden über dem Kreml, bevor er seine Maschine auf dem Roten Platz landet. Auf einem Foto sehen wir einen Jungen mit strähnigen Haaren und Nerdbrille (mit Gläsern, die sich nur bei grellem Licht verdunkeln) in einem zu großen Flieger overall vor dem bekannten Hintergrund der Zwiebeltürme auf dem Roten Platz. Laut Berichterstattung sprach er dort ein Weilchen mit Passanten und gab Autogramme, bevor er verhaftet und ins Lefortovo-Gefängnis gebracht wurde.

Im Westen wird Matthias mit einem Schlag zu einem Medienereignis. Seine Eltern, und später auch Matthias selbst, erklären, daß er mit seiner Tat dem Weltfrieden habe dienen wollen. Die Russen dagegen sind von seiner Tat weniger begeistert. Ihre Luftverteidigung hat sich als löchrig wie ein Sieb erwiesen. Gorbatschow entläßt den Verteidigungsminister und den Oberbefehlshaber der Luftabwehr. Ein Junge in einem kleinen Flugzeug hatte vor den Augen der ganzen Welt den Mythos der militärisch gefürchteten

Sowjetunion ins Wanken gebracht. Im September steht Matthias Rust vor dem Obersten Gerichtshof in Moskau. Zum Entsetzen der Heimatfront wird über ihn eine Strafe verhängt wie in den Tagen Stalins: vier Jahre Umerziehungslager wegen »erschreckender Verachtung der Gesellschaft, der Rechte und der Traditionen des sowjetischen Volkes«. Bei näherer Betrachtung waren die Phrasen wohl das Schrecklichste an diesem Urteil, denn schon nach weniger als einem Jahr war Matthias Rust wieder auf freiem Fuß.

Gut ein Jahr nach seiner aufsehenerregenden Aktion war Matthias Rust immer noch eine Berühmtheit, die niemand kannte, denn schließlich hatte er in Moskau im Gefängnis gesessen. Wieder in Freiheit bestätigte Rust, was wir längst wissen: Nerds haben Probleme mit dem Erfolg. Im Grunde geht dies allen Menschen so, doch Nerds sind wirklich die Krönung, was ihre Reaktionen auf große Aufmerksamkeit betrifft. Man kann sich gut vorstellen, was damals mit Matthias geschah: überschwenglicher Empfang in der Heimat, Exklusivinterviews im *Stern*, ungeheures Interesse im Fernsehen, große Betriebe, die wissen lassen, daß so ein tüchtiger junger Mann wie er in ihren Reihen stets willkommen ist ... Eine ganze Weile später sollte Matthias Rust dann noch einmal in die Nachrichten kommen. Es war in einem kleinen Bericht zwischen anderen Unglücksmeldungen zu lesen: Matthias Rust zu soundsoviel Jahren Gefängnis verurteilt wegen versuchter Vergewaltigung eines Mädchens. Hatte er es nicht selbst gesagt? Er würde etwas Großes vollbringen und die Welt beherrschen ...

9 Bin ich's?
Der große Universal-Nerd-Test

Im Internet und in den Printmedien kursieren bereits verschiedene Nerd-, *geek-* und *anorak*-Tests, die sich allerdings meist auf die naturwissenschaftlichen Neigungen des Nerd beschränken – als ob Nerds nur am Computer säßen. Nein, Nerds sind u. a.: reichster Mann der Welt, Minister, Popstar oder Schauspieler. Nerds sind die vielseitigsten Menschen der Welt! Daher ist dieser Test in erster Linie für diejenigen bestimmt, die bisher noch Angst haben, Farbe zu bekennen. Ein waschechter Nerd dagegen braucht keinen Test, um er selbst zu sein.

Dies ist im übrigen ein Unisex-Test. Auch Frauen sind herzlich dazu eingeladen – nicht zuletzt, um zu beweisen, daß sich das Nerdtum emanzipiert.

Auf die folgenden 80 Fragen ist jeweils eine der drei folgenden Antworten auszuwählen:

A: ja ja ja! (3 x ja)
B: mmmjaaah ... (1 x ja)
C: äh ... – nö! (1 x nö)

Die Auflösung am Ende des Tests ermöglicht es, den Grad des eigenen Nerdtums zu bestimmen.

1 Haßt du es, wenn Leute den Konjunktiv Präsens falsch gebrauchen, und verbesserst du ihre unkorrekten Äußerungen spontan noch in derselben Sekunde?
2 Trägst du schon seit Jahren dieselbe Brille?

3 Sitzt sie schief bzw. ist sie mit einem Pflaster repariert?

4 Hat die Schuhe, die du trägst, deine Mutter vor Jahren im Hinblick auf die Gesundheit deiner Füße gekauft?

5 Sind deine Zähne bemoost/deine Ohren voller Schmalz?

6 Bekommst du immer rote Flecken am Hals, wenn du etwas sagen willst bzw. mußt?

7 Telefonierst du ungern länger als 30 Sekunden?

8 Wenn es sich nicht vermeiden läßt: Löst du dann aus Langeweile nebenbei die Logelei in der *Zeit*?

9 Kochst du – wenn du kochst – grundsätzlich Spaghetti mit Schinken und Käse, auch wenn gar kein Schinken und Käse im Haus ist?

10 Liegt dein Sexualleben – etwas abgenutzt, aber sicher – unter deinem Bett?

11 Ist dein Sexualleben ein Lesezeichen in deinem Netscape Navigator?

12 Hattest du schon mal das Gefühl, daß eine Prostituierte, die dich ebenso ansprechen wollte wie alle anderen Männer, im letzten Moment Abstand genommen hat?

13 Fühlst du dich Bill Gates in Haßliebe verbunden?

14 Hattest du in der Schule nur Einsen und Zweien, außer in Sport?

15 Verläßt du das Haus am liebsten erst nach Einbruch der Dunkelheit?

16 Warst du noch nie an einem Strand, um zu baden, sondern nur, um jemandem das Prinzip von Ebbe und Flut zu erklären?

17 Trägst du gelegentlich eine zu große schwarze Jacke?

18 Hast du schon mal dein eigenes Grab gegraben oder entworfen?

19 Spielst du gern *Trivial Pursuit*, obwohl du so schwer Mitspieler findest?

20 Lernst du heimlich *Trivial-Pursuit*-Fragen auswendig?

21 Weißt du die Antworten auf alle *Trivial-Pursuit*-Fragen sowieso?

22 Hast du beim Beobachten anderer Menschen oft das Gefühl, ihnen geistig überlegen zu sein?

23 Schauen sie dich merkwürdig an, wenn du versuchst, ihnen das hilfsbereit klarzumachen?

24 Hältst du »Bon Jovi« für ein Computerspiel?

25 Hieß der Hamster, den du als Kind hattest, Theophrast?

26 Mußte er sich sein Futter durch Druck auf die richtige von drei Tasten verdienen?

27 Hat dir deine Mutter vor Klassenfahrten Entschuldigungen geschrieben, weil die johlende Horde doch immer nur Fußball spielen wollte?

28 Hattest du, wenn du doch auf Klassenfahrt gehen mußtest, immer 20 Bücher und einen kaputten Taschenrechner zum Reparieren dabei?

29 Kostet es dich Mühe, Mitgefühl zu zeigen, wenn sich jemand anders weh tut?

30 Mußt du laut lachen, wenn sich jemand anders weh tut?

31 Ist Schmerz für dich selbst eher unwichtig?

32 Hast du als Wahlfach »Das Entziffern lateinischer Kircheninschriften« gewählt?

33 Hast du dich früher mit deinen Klassenkameraden gelegentlich auf griechisch oder Latein unterhalten?

34 War die Hauptschule in deinen Augen das Allerletzte?

35 Mußt du tief im Inneren trotzdem zugeben, daß die Mädchen von der Hauptschule viel attraktiver und die Jungen viel tollere Typen waren?

36 Hast du schon mal von einem Hauptschul-Mädchen oder -Jungen geträumt?

37 Mußt du über Leute lachen, die nur *einen* Computer haben?

38 Hast du neben deinen diversen Windows-Rechnern auch einen

Mac, ebenfalls mit Modem, 50-Gigabyte-Festplatte, Scanner und Postskriptdrucker?

39 Wohnst du mit deinem Computer in der Abstellkammer, seit dein Zimmer ganz von deiner Modelleisenbahn eingenommen wird?

40 Warst du schon als Schüler der Meinung, daß dein Physiklehrer ein Amateur ist?

41 Hast du manchmal das Gefühl, daß andere dir aus dem Weg gehen, weil du nach Schweiß oder aus dem Mund riechst?

42 Hast du weniger Freunde als andere?

43 Schauen andere Leute sich verstört um, wenn deine Freunde und du über etwas lachen?

44 Lachen andere Menschen selten über deine und du niemals über ihre Witze?

45 Hat schon mal jemand zu dir gesagt: »Hau ab, du Ekelpaket?«

46 War dieser Jemand vom anderen Geschlecht?

47 Hat dich noch nie jemand vom anderen Geschlecht gefragt, ob du bei ihm / ihr übernachten wolltest?

48 Hat dich doch mal jemand gefragt, und du hast geantwortet: Nein, ich muß noch lernen?

49 Trägst du manchmal Hochwasserhosen, die außerdem zu eng sind?

50 Trägst du strenggenommen immer dieselbe zu enge Hochwasserhose?

51 Bist du zufrieden mit deiner Hardware?

52 Bist du sehr unzufrieden mit den neuesten Anwendungen?

53 Fährst du mit der Bahn?

54 Kannst du Teile des Kursbuchs auswendig?

55 Kannst du stets sagen, aus welcher Baureihe die Lok stammt, die deinen Zug zieht?

56 Werden gelegentlich Leute, denen du in der Bahn gegenübersitzt, nervös?

57 Wirst du gelegentlich nervös, wenn dir Leute in der Bahn gegenübersitzen?

58 Hast du ein Fahrrad mit Bremslicht und Außenspiegeln?

59 Gehst du ungern auf Partys?

60 Wenn es sich nicht vermeiden läßt: Bist du dann auf der Party zu schüchtern, um mit anderen Leuten zu reden, und gehst meist vor 23 Uhr wieder?

61 Haßt du es, wenn dort alle tanzen?

62 Hast du noch nie mit jemand anderem getanzt?

63 Hast du noch nie richtig geküßt?

64 Wenn doch: Hast du dir von Filmen oder im Fernsehen abgeguckt, wie das geht?

65 Hat es bei deinen Kußversuchen Verletzte gegeben?

66 Hast du Verständnis für jemanden, der zum ersten Mal in seinem Leben für einen Tag in Venedig ist und der diesen Tag im Hotel verbringt, um herauszufinden, warum die Uhr in seinem Laptop eine Stunde nachgeht?

67 Fühlst du dich manchmal einsam?

68 Ist dein IQ höher als deine Größe in Zentimetern?

69 Steht dein IQ im selben Verhältnis zu deinem Gewicht wie deine Dioptrienzahl zu Pi?

70 Trägst du eine digitale Armbanduhr mit eingebautem Taschenrechner?

71 Kennst du die Gemeinsamkeiten und Unterschiede zwischen Captain Kirk und Captain Picard und ihr jeweiliges Verhältnis zu Mr. Spock und Data?

72 Kannst du aus dem Kopf mehr als zehn Folgen von *Star Trek* oder *Akte X* nacherzählen?

73 Sammelst du alles über *Star Wars*?

74 Hast du eine eigene Homepage im Internet?

75 Gibt es in deiner Homepage ein Link zu einer Pamela-Anderson-Site?

76 Hat dich schon mal jemand als Nerd bezeichnet?

77 Hast du das als Kompliment aufgefaßt?
78 Bezeichnest du dich auf deiner Homepage selbst als Nerd?
79 Stellst du dich im Gespräch als Nerd vor?
80 Bist du ein zufriedener Nerd?

Auflösung:
Die Menge der Jas (bzw. Nös), die du insgesamt hast, bestimmt den
Grad deines Nerdtums. Wir unterscheiden vier Abstufungen:

Mehr als 150 Jas:	Pracht-Nerd!
120–150 Jas:	Wackerer Nerd!
80–120 Jas:	Nerd-Kandidat mit guten Anlagen
Mehr als 10 Nös?	Mieser Möchtegern-Nerd!

Porträt: Prototyp des modernen Nerd
(Albert Einstein)

Im Film *Insignificance: Die verflixte Nacht* (→ Kapitel 5, Nerd-Filme)
kommt eine Szene vor, in der ein alter Gelehrter, der eine gewisse
Ähnlichkeit mit Albert Einstein aufweist, das Boudoir einer Film-
diva besucht, die Marilyn Monroe ähnelt. Es herrscht eine gewisse
erotische Spannung, die erst durchbrochen wird, als die Diva nerv-
lich und körperlich zusammenbricht. Es gibt keinerlei Hinweise
darauf, daß Einstein und Marilyn Monroe auch im wirklichen
Leben eine Beziehung hatten. Marilyn hatte eher eine Vorliebe
für jüngere Männer mit politischem Einfluß (z. B. die Kennedy-
Brüder). Trotzdem wirkt das Zusammensein dieser beiden im
poppigen Interieur von Marilyns Schlafzimmer vollkommen natürlich. Der Film beweist damit, daß Einstein, genau wie Marilyn,
untrennbar zu unserem Kulturerbe gehört. Dies ist für einen Wissenschaftler, so genial er auch sein mag, eine seltsame Leistung.
Natürlich gibt es neben Einstein eine ganze Menge anderer Wis-

senschaftler, die für ihr Werk den Nobelpreis erhielten, und es hat in diesem Jahrhundert Menschen gegeben, die Erkenntnisse von ähnlicher Bedeutung wie Einsteins Theorien gewonnen haben. Doch wer kennt sie, außer ihren Fachkollegen? Kein Mensch. Aber jedermann »kennt« Einstein: sein Gesicht mit den klugen, von Falten umgebenen Augen, die hohe, kahle Stirn, das wehende, weiße Haar. Veranstalten Sie einmal spaßeshalber auf der Straße eine Umfrage: »E=mc2, Relativitätstheorie«, werden die meisten Leute auf die Frage nach Einstein hin mühelos herunterrasseln. Was diese Theorie genau besagt? »Das wissen nur die echten Nerds«, wird die Antwort lauten. Und sie trifft zu: Wer sich mit Raumkrümmungen und sich selbst überholenden Zeitschleifen befaßt, kann nur ein Nerd sein.

Doch warum kennt jeder Einstein?

Albert Einstein wurde in Deutschland geboren, nahm jedoch nach einer technischen Ausbildung in Zürich die Schweizer Staatsbürgerschaft an. Er verdiente als Patentinspektor seinen Lebensunterhalt und schrieb in seiner Freizeit an seiner Doktorarbeit. 1909 bekam er eine feste Stelle an der Universität Zürich im Fachbereich theoretische Physik. Seine bereits 1905 publizierte Relativitätstheorie fand schon bald innerhalb und außerhalb seines Fachs Anerkennung. 1921 erhielt Einstein für sein naturwissenschaftliches Werk den Nobelpreis. Damals war er 42, und im nachhinein betrachtet erscheint die Preisverleihung lediglich als Basis seines Ruhms.

Als er den Nobelpreis bekam, arbeitete er als Wissenschaftler in Berlin. Nachdem er von den Nazis seines Postens enthoben worden war, emigrierte er 1933 nach Amerika, wo er seine wissenschaftliche Arbeit an der Princeton-Universität fortsetzte. Dies war der erste Schritt zum Weltruhm, obwohl sich dieser erst nach dem Zweiten Weltkrieg so richtig entfalten sollte. Nach 1945 waren die USA die mächtigste Nation der Welt – Amerika war auf jedem Gebiet tonangebend: Der amerikanische Film eroberte die

Welt, genau wie amerikanische Zigaretten und amerikanische Erfrischungsgetränke. Und außerdem hatte Amerika Einstein: den Antinazi, ein Genie als Personifizierung des Guten, das das Schlechte besiegt hatte. So wurde Albert Einstein international zum bewundernswerten Vorbild: der »gute« Gelehrte. Fortan wurden Schüler, die sich mit ihrer Schlauheit brüsteten, ironisch mit »Einstein« angesprochen als dem höchsten und unerreichbaren Ideal in punkto Intelligenz. So wurde Einstein zum Prototyp des modernen Nerd.

10 Ein trauriges Kapitel: Nerds und Sport

Es ist eine etwas unbarmherzige Feststellung, aber es muß trotzdem einmal gesagt werden: Nerds sind körperlich gesehen alles andere als Überflieger. Wir haben bereits festgestellt, daß Nerdtum in der Schule beginnt. Diese These können wir sogar noch konkretisieren. Wann und wo sich entscheidet, ob ein Kind zum Nerd wird, läßt sich recht präzise angeben:

Die typische Nerd-Karriere beginnt in der Turnhalle, dem letzten Hort des Sozialdarwinismus, und zwar in der allerersten Turnstunde des ersten Schuljahres. Die Lehrerin sagt: »Heute haben wir Turnen, und vor dem Turnen rennen wir erst mal eine Runde um die Halle, um uns schön aufzuwärmen.« Die ganze Horde rast los. Zwei Kinder bleiben jedoch sofort hinter den anderen zurück: ein magerer kleiner Junge mit Brille und strähnigen Haaren und ein dickes Mädchen mit rutschender Turnhose. Der Junge tut was er kann mit seinen unbeherrschbaren Gliedern. Schon für seinen Einsatz hätte er eine Eins verdient. Gerade hat er ein wenig von seinem Rückstand aufgeholt, als er stolpert und seine Brille verliert. Das dicke Mädchen hat inzwischen ebenso tapfer seine Runde begonnen, doch als sie auf halbem Wege ist, stehen Klasse und Lehrerin schon am Ziel und warten auf sie. Unter Hohngelächter werden Brillenschlange und Dickerchen am Ziel empfangen. Nirgends tritt die kindliche Grausamkeit so offen zutage wie im Sportunterricht – auch wohlmeinende Klassenkameraden verwandeln sich hier in Monster angesichts des blassen Hänflings mit den dünnen Ärmchen, die bei jedem Liegestütz zittern. Die Brillenschlange wird in Zukunft beim Wählen der Mannschaften immer als Letzter übrigbleiben. »Aber wenigstens kannst du gut rechnen«, wird seine Mutter ihn zu trösten versuchen. Und das Dickerchen steht ab dem allerersten Tag ganz unten auf der Liste der Mädchen, in die die Jungs sich verlieben. Aber sie denkt sich, daß ihre Zeit schon noch kommen wird. Und damit hat sie natürlich vollkommen recht, und dasselbe gilt auch für die Brillenschlange.

Die endgültige Ausprägung des Nerdtums geschieht dann etwa zwischen dem vierten und dem siebten Schuljahr. Wo zuvor nur Anlagen waren, steht der Nerd nach dem Duschen und Umkleiden fertig vor uns: Isoliert, verspottet und für immer festgelegt auf die Schärfung seiner intellektuellen Brillanz.

Porträt: Der Nerd als Lachnummer
(Jannes van der Waal u. a.)

Jeder Sport hat den Repräsentanten, den er verdient. Und obwohl ein erfolgreicher Athlet per definitionem kein echter Nerd sein kann, gehört zu einer Karriere als Spitzensportler doch ein gewisser Anteil nerdischer Charaktereigenschaften (vor allem: nicht nach rechts und links schauen, sondern sich von Kind auf allein einem Ziel widmen – auch wenn die Klassenkameraden gerade etwas über die Liebe und das Leben herausfinden). Deshalb haben die Sportler, die eine Sportart repäsentieren, in ihrem Auftreten außerhalb der Arena oft etwas Linkisch-unbeholfenes, wie wir es von Nerds kennen. Sie haben eben nur ein Ziel und einen Lebensinhalt. So wird Damen-Tennis zum Beispiel auf ewig mit der stets ein wenig verkrampften *Steffi Graf* verbunden sein, Polo mit *Prinz Charles* und Formel-1-Rennen mit dem linkisch grinsenden *Michael Schumacher*. Reine Nerds gibt es nur in »Sport«arten, bei denen man sich nicht viel bewegen muß: Tischfußball, Darts und Schach zum Beispiel. Für letzteres stand in Deutschland eine Zeitlang *Robert Hübner*, dem man anmerkte, daß er sich eigentlich nur zwischen seinen Schachfiguren wohl fühlte und der immer recht unglücklich wirkte, wenn er unter echte Menschen oder gar in die Öffentlichkeit geriet.

Manchmal übernimmt auch ein Fernsehkommentator die Rolle des Repräsentanten: Beim Reitsport ist es beispielsweise *Adi Furler* und bei der Leichtathletik *Dieter Adler* (beide ARD) – beides ebenfalls eher nerdartige Figuren. Manche Sportarten (wie z. B. Rhythmische Sportgymnastik und Synchronschwimmen) haben auch gar keinen prominenten Vertreter, vor allem, wenn sie die Phantasie der Zuschauers nicht besonders ansprechen. Hierzu zählte bis vor einigen Jahren auch das Damespiel, als Turniersport betrieben. In den Niederlanden hat sich dies allerdings vor einiger Zeit geändert: *Jannes van der Wal* betrat die Bühne, und seitdem wird das dröge Damespiel unweigerlich mit Lachkrämpfen assoziiert.

1982 errang Jannes im brasilianischen Saõ Paulo den Weltmeistertitel im Damespiel. Zu jener Zeit wurde jeder potentielle Volksheld in die populäre Talk-Show von Mies Bouwman eingeladen. Diese Talkmasterin hatte ein einfaches, aber todsicheres Erfolgsrezept: Warmherzig lächelnd sorgte sie dafür, daß ihre Gäste so wenig wie möglich zu Wort kamen. Resultat: garantierte Popularität. Niemand fand es daher seltsam, daß sie Jannes fragte, wie alt er sei. Die Antwort kannte sowieso jeder. Erstens war Jannes bereits in der Sendung »Studio Sport« zu Gast gewesen, und zweitens hatte es in allen Zeitungen gestanden: »24jähriger Lehrersohn gewinnt den Weltmeistertitel!« Von Jannes wurde einfach nur erwartet, brav sein Alter anzugeben, woraufhin Mies dann »Wunderbar, phantastisch, was für eine Leistung« gerufen und minutenlanger Applaus die Sendezeit gefüllt hätte. Doch anstatt zu antworten, versank Jannes in tiefes, nachdenkliches Schweigen. Denkfalten durchfurchten seine Stirn. Er schaute hoch zur Decke, dann wieder auf den Tisch. Minutenlang. Verzweifelt stellte Mies weitere – genauso läppische – Fragen, die sie vorbereitet hatte und die gleichfalls lediglich mit tiefem Schweigen und einem Seufzer beantwortet wurden. Nach der Sendung erklärte Jannes: »Die einfache Formulierung irritierte mich, und dadurch wurde ich blockiert.« So spielte er auch dieses Spiel bis zum Ende durch. Die Nerd-Lachnummer war geboren.

Jannes hatte mit guten Resultaten das Gymnasium in Herenveen absolviert. Ein fanatischer Damespieler seit seinem siebten Lebensjahr, brach er nach einem Jahr sein Mathematikstudium ab und wurde mit 20 Profispieler. Er fiel durch seine rücksichtslose Spieltaktik auf, die im Damesport unüblich ist, wo die meisten Partien mit einem Remis enden. Eben wegen dieser vielen Remis entwickelte Jannes van der Wal eine immer stärkere Aversion gegen das Damespiel, weshalb er sich später auf Bridge und Schach verlegte. Selbst als nationale Berühmtheit vertrat Jannes van der Wal im Grunde eine einfache Botschaft: »Ich nehme mich selbst nicht ernst, also sollt ihr es auch nicht tun.« In den Anfangsjahren der No-Nonsense-Ära wagte es niemand sonst, sich so zu präsentieren, außer einigen wenigen übriggebliebenen Punkern und Hausbesetzern, doch die blieben anonym und traten nur in Gruppen auf. Jannes hingegen präsentierte sich dem Fernsehpublikum ganz ungeniert mit strubbeligen Haaren, in Schlabberpulli und Sandalen, und das zu einer Zeit, in der sich sogar Fußballspieler und Popstars ordentliche Frisuren zulegten. Und nicht nur in der Talk-Show bei Mies, sondern grundsätzlich verweigerte er die Antworten, die von ihm erwartet wurden. Bei den niederländischen Meisterschaften 1983 – ein Jahr nach seinem Weltmeistertitel, als alle Augen auf ihn gerichtet waren – schlug er so heftig auf die Stoppuhr, daß alle Steine vom Brett flogen und er sowohl für diese Partie als auch für die Meisterschaft offiziell disqualifiziert wurde. Nachdem er wieder zwei Jahre hintereinander den Meistertitel gewonnen hatte, tauchte er 1986 erst Stunden nach Turnierende auf. Er sei im Zug eingeschlafen, erklärte er. Im Jahr darauf holte er sich mit links den Titel wieder zurück.

Ab und zu verlor er für kurze Zeit den Überblick über sein Spiel, beispielsweise als ein großes Boulevardblatt auf der Titelseite berichtete, er habe eine Verkäuferin »unsittlich« berührt. Jannes erklärte, daß er nur eine Rolle Drops kaufen wollte und lediglich mit einem »Tippen auf die Schulter« auf sich aufmerksam gemacht habe. Was immer auch passiert war: Die Verkäuferin reagierte völlig gestreßt und nannte ihn »Mistvieh« und »Fiesling«. Die Reaktion von Jannes darauf war: »Ein Weltmeister im Damespiel muß sich damit abfinden, daß andere Menschen geistig nicht normal sein können.« Ein Spruch, der ins Weltzitatenbuch aufgenommen, aber leider – ebenso wie sein Urheber und die Nerds überhaupt – ganz falsch verstanden wurde.

Nerdische Sportler

Fernsehbericht über einen Eisschnellaufwettbewerb, Anfang der achtziger Jahre. Der beste damalige niederländische Eisschnelläufer, *Hilbert van der Duim*, dreht seine Runden. Der Wettkampf läuft gut. Hilbert ist in Topform, das sieht jeder Nerd. Doch dann geschieht es: In einer Kurve scheint Hilbert sich aufzurichten. Er streckt einen Arm in die Luft und versetzt ein Bein dorthin, wo es unmöglich der Fliehkraft Widerstand leisten kann. Mit einem Bauchplatscher geht er zu Boden. Wettkampf und Meisterschaft verloren. Später folgt das unvermeidliche Interview. Das mürrische Gesicht des unglücklichen Eisschnelläufers in Großaufnahme.

»Hilbert, was ist denn um Gottes willen in dieser Kurve geschehen?« Er ist von dieser Frage sichtlich überrascht und sperrt erstaunt die Augen ein wenig auf. Nicht weit, denn das läßt sein Gesicht nicht zu. Glasig starrt er an der Kamera vorbei ins Leere und gibt sodann die mittlerweile unsterblich gewordene Antwort: »Äh, ich weiß nicht wie, äh, na ja. Auf der Bahn lag ein Haufen Vogelscheiße.«

Damit hatte Hilbert van der Duim überzeugend bewiesen, daß auch Sportler Nerds sein können (auch wenn, scheinbar paradox,

Nerds keine Sportler sein können). Und er hat es nicht dabei belassen: Eines Tages überquerte er jubelnd die Ziellinie, allerdings eine Runde zu früh. Später kam er in die Nachrichten, weil er sich als Stimmenfänger für eine lokale Interessengruppe hatte ködern lassen. Prompt wurde er gewählt und landete wieder in den Nachrichten, weil er, ein wenig gekränkt, verkündete, er habe gar keine Lust dazu, im Gemeinderat zu sitzen.

Die Anzahl weiterer nerdischer Sportler oder solcher, die Nerd-Leistungen erbracht haben, ist recht gering. *Eddy the Eagle* beispielsweise (der Skispringer, der nicht skispringen konnte) gehört eher in die Kategorie »gemäßigte Verrückte«, und der tschechische (später amerikanische) Tennisspieler *Ivan Lendl* besaß eher die Weltfremdheit eines Roboters als die eines Nerd. Der Leichtathlet *Carl Lewis* dagegen ist ein waschechter Nerd – allerdings im falschen Körper, nämlich dem eines Ausnahmeathleten. Nur in ihm verbindet sich eine sportliche Jahrhundertbegabung (Laufen und Springen) mit dem exaltierten Gehabe des ewigen Außenseiters (Singen, lautes Preisen des Herrn statt Einnahme leistungssteigernder Mittel). Kennen wir noch andere Fälle? Na ja, einen Fußballer mit Flugangst (*Dennis Bergkamp*) könnte man z. B. als nerdartige Erscheinung bezeichnen. Dennoch muß man sagen, daß Bergkamp und Lewis – und trotz allem auch Hilbert van der Duim – zu sehr Athleten sind und sich in zu hohem Maße durch ihre Körperbeherrschung auszeichnen, als daß sie tatsächlich hundertprozentige Nerds sein könnten.

11 Nerd-Songs, Nerd-Bands und Musiktips

Nerd-Songs

Obwohl Nerds sich im allgemeinen nicht gerade als brillante Sänger hervortun, findet man im Internet eine ganze Reihe von Songs, die für und – relativ wahrscheinlich – auch von Computer-Nerds geschrieben wurden. Die besten sind die in englischer Sprache verfaßten. Im folgenden stellen wir ein paar Strophen solcher Stücke vor:

Zur Melodie von »Eleanor Rigby« von den Beatles

Sits at the keyboard
And waits for a line on the screen
Lives in a dream

Waits for a signal
Finding some code
That will make the machine do some more
What is it for?

All the lonely users, where do they all come from?
All the lonely users, why does it take so long?

> *Musiktip*
> *»Dancing Fool«*
> *(Frank Zappa)*

Auf die Melodie von »Let it be« von den Beatles

When I find my code in tons of trouble,
Friends and collegues come to me,
Speaking words of wisdom:

»Write in C«

As the deadline fast approaches,
And bugs are all that you can see,
Somewhere, someone whispers:

»Write in C«

Write in C, Write in C,
Write in C, oh, Write in C.
Only wimps use BASIC.
Write in C.

> *Musiktip*
> *»When the lady smiles«*
> *(Golden Earring)*

Auf die Melodie von »Beat it« von Michael Jackson

You're processing some word when your keyboard goes dead
Ten pages in the buffer, should have gone to bed,
The system just crashed, but don't lose your head,
Just boot it; just boot it

Better think fast, better do what you can,
Read the manual or call your system,
Don't want to fall behind in the race with Japan,
So boot it

Musiktip
»Pyjama People«
(Frank Zappa)

Musiktip
»Death of a clown«
(Kinks)

Musiktip
»Maxwell's Silver Hammer«
(Beatles)

Porträt: Der Nerd auf Abwegen (Tim Immers)

Zu den bedauernswertesten Nerds gehören diejenigen, die nicht den geringsten Einfluß auf ihr Schicksal haben. Das Leben fließt um sie herum und geht an ihnen vorbei. Doch eigenwillig wie jeder Nerd klammert auch der niederländische Sänger *Tim Immers* sich an die Nichtigkeiten, die er für die Realität hält. Wir müßten bis in seine früheste Kindheit zurückgehen, um den Ursprung dieser menschlichen Tragödie herauszufinden. Dies ist jedoch, bei einer augenscheinlich überaus glatt verlaufenen Jugend, ohne die Hilfe von Tim selbst kaum möglich. Dieser beharrt allerdings leider auf seiner derzeitigen Rolle und ist so auf dem besten Wege dazu, dem Schicksal eines Nerds auf Abwegen anheimzufallen.

Sein Coming out als Nerd bewerkstelligte Tim Immers als Darsteller in der niederländischen Version der Soap-Opera *Gute Zeiten, schlechte Zeiten* (GZSZ). Seine letzte Chance auf ein normales Leben hätte darin bestanden, sich als der briefmarkensammelnde Neffe von Meneer Harmsen oder zur Not als neuer Mickey casten zu lassen. Aber nein: Tim mußte unbedingt die Sportskanone mimen. Der Kardinalfehler lag hier natürlich bei den Machern von GZSZ.

Nerds sind schwer in anderen Rollen zu casten als denen, die ihnen die Natur zugedacht hat, doch in ihrer Eile hielten die Programmgestalter den leeren Blick des blonden Jungen für die Ausstrahlung eines Sportlers. Damit fingen die Probleme an. Es erwies sich als unmöglich, eine geeignete Sportart für ihn zu finden. Schließlich ist Tim weder der geborene Fußballer noch ein Basketballer oder Kickboxer. Sogar als Krocketspieler wäre er eine Fehlbesetzung. Tim ist ein Nerd! Und Nerds und Sport passen nun mal nicht zueinander (→ Hilbert van der Duim). Viele Folgen lang trainierte Tim viel und hart, verletzte sich, kam trotzdem wieder zurück und errang zum Schluß eine Art heldenhaften Sieg. Nur wofür und in welchem Sport blieb unklar. Tim wurde stets dann gefilmt, wenn er – sicherheitshalber bewaffnet mit einer enormen Sporttasche oder in einem verschwitzten T-Shirt – gerade nach Hause kam oder just auf dem Weg zum Training war.

Auch zu diesem Zeitpunkt hätte Tims Karriere noch eine Wende zum Guten nehmen können. Die Macher von GZSZ haben nämlich im Laufe der Zeit durchaus öfter Leute falsch gecastet: die aufgeblasene reiche Tussi zum Beispiel, die eine heroinsüchtige kleine Hure spielen sollte. Dieser Fehler wurde behoben, indem die Hure nach wenigen Folgen aus der Serie verschwand. Tim dagegen entwickelt sich fast unbemerkt immer mehr zu einem der Stars von GZSZ. Als vermeintliche Sportskanone und anpassungsfähiger Junge entfremdet er sich allmählich definitiv von seiner natürlichen Umgebung. Er gerät als Moderator in die Welt der Popmusik, in die ihm diverse Nerds bereits vorausgeeilt sind. Einmal auf dieser Spur, gibt es für ihn kein Halten mehr. Er wird Sänger! Wenn Nerds schon schlechte Schauspieler sind, so stehen sie mit Rhythmus und Melodie erst recht auf Kriegsfuß. Roy Orbison ist der einzige Nerd, der es je als Sänger zu etwas gebracht hat. Doch er konnte in der Musikwelt wenigstens auf sein Aussehen bauen – Tim dagegen nicht. Er ist der Liebling eines Publikums, das ihn kommerziell in die Merchandising-Ecke von Teenieverknalltheit und Plüschbären für 14-

jährige Mädchen drängt. Mit Songs wie »Lieber als lieb« und »Rosa Brille« steht Tim nun in Kinderzimmern zwischen den CD's von den Backstreet Boys, Boyzone und Take That herum. Von den Klatsch- und Mädchenzeitschriften starrt uns Tim, die niederländische Tiffany[1], mit dem unglücklichen Blick eines kranken Kirmesbären an. Armer Nerd, ganz und gar auf dem Holzweg.

> *Musiktip*
> *»Radeloos«*
> *(Tim Immers)*

> *Musiktip*
> *»Ein bißchen Frieden«*
> *(Nicole)*

Auf die Melodie von »Nowhere Man«, von den Beatles

He's a real unix Man
Sitting in his unix lan
Making all his unix plans
For nobody

He's as wise as he can be
Programs in lex, yacc and C
Unix Man, can you help me
At all

unix Man, please listen
My printout is missin'
Unix Man
The wo-o—o-orld is your @-command

Musiktip
»Pretty Woman«
(Roy Orbison)

Nerd-Bands

Dank der Tatsache, daß Musikalität heutzutage keine notwendige Voraussetzung mehr für Erfolg in der Musikindustrie ist, haben es in den letzten Jahren auch einige echte Nerd-Bands zu einem gewissen Erfolg gebracht. Zu ihnen zählen natürlich nicht solche Betrüger-Gruppen wie die Band The Nerds, die unter diesem Namen Cover-Versionen zum besten gibt.

Nein, bessere Nerdmusik bieten die folgenden amerikanischen Bands:

Musiktip
»Kiss me where it smells funny«
(Bloodhound Gang)

Weezer
Diese ehemalige Garagenband mit ausschließlich männlichen Mitgliedern wurde 1994 gegründet und spielt eine Art süßlichen Rock: mitsummbare Melodien, untermalt von einem gitarristischen Lärmangriff, der das Blut in den Adern gefrieren läßt.

Erster Hit 1995: »Undone – The Sweater Song«

Titel des Debütalbums: Weezer

Andere Alben: Pinkerton (September 1996).

Philosophie: Die Bandmitglieder halten ihren Erfolg für den gerechten Lohn nach vorangegangenen langen schweren Jahren. Das Musikmagazin *Rolling Stone* brachte daher einen Artikel über sie mit der Überschrift: »Revenge of the Nerds, Weezer«.

Matt Sharp: Baß

Pat Wilson: Schlagzeug
Brian Bell: Gitarre

Nada Surf

»Daniel Lorca, Ira Elliot and Matthew Caws graduated from the Space Program's astronaut camp in January 1993 and were chosen to be part of the technical crew in the next shuttle flight, scheduled for May of that year. With only one week training left, all three technicians succumbed to a long-brewing and unnameable malaise and left the program. As unlikely as it sounds, they were gripped by an urge to perform rock music. The trio moved to New York, got apartments in Manhattan, Brooklyn and Queens and became Nada Surf.«

(Zitat aus der Nada-Surf-Homepage. Dem ist nichts hinzuzufügen. Wenn Sie trotzdem noch Kommentare oder Fragen auf dem Herzen haben sollten, mailen Sie an Nada Surf: nadasurf@aol.com.)

Musiktip
»Fire Water Burn«
(The Bloodhound Gang)

Musiktip
»ZenBrain«
(Nada Surf)

Bloodhound Gang

The roof, the roof, the roof is on fire.
    Let the motherfucker burn, burn motherfucker,
burn motherfucker burn. (aus dem Stück »Fire Water Burn«)

Mit diesen tonlos gesungenen Textzeilen, begleitet von einem trägen, anhaltenden Baß- und Gitarrensound, konnte die Bloodhound Gang auch in Deutschland einen gewissen Erfolg verbuchen. Thematisch gründet die Nummer auf dem Song »Smoke on the Water« von Deep Purple. Neu und typisch nerdisch ist jedoch der ironische Unterton in Musik und Text. Die fünfköpfige Band stammt aus Philadelphia. Ihr zweites Album *One Fierce Beer Coaster* (1996) und vor allem das oben zitierte Stück »Fire Water Burn« kamen weltweit an. Das Debütalbum *Use Your Fingers* wurde in einer früheren, mittlerweile grundlegend geänderten Besetzung aufgenommen. Die heutigen Bandmitglieder sind:

Jimmy Pop Ali: Gesang, Samples

Lupus: Gitarre, Gesang

Evil Jared: Baß, Gesang

DJ Q-Ball: Plattenspieler, Gesang

Spanky G: Schlagzeug

Homepage-Adresse: www.bloodhoundgang.com

Musiktip
»25 Or 6 to 4«
(Chicago)

Musiktip
»Life on Mars«
(David Bowie)

Porträt: Der musikalische Nerd (Michael Jackson)

1993 war es weltweit eine Topmeldung in allen Nachrichten: *Michael Jackson* gibt ein Interview. Der King der Popmusik hatte sich jahrelang ausschließlich in Videoclips und vor einem Massenpublikum in Stadien sehen lassen. Auf MTV sah man von Zeit zu Zeit einen bösartig aussehenden Mutanten, der »Ich bin schlecht, ich bin schlecht« schrie. Boulevardblätter und Zeitungen berichteten dagegen über einen weltfremden Kind-Mann (»Peter Pan«

nannte ihn ein Biograph), der den Tag mit Kindern spielend auf seinem Anwesen Neverland verbringt, einen Sarg besitzt (in dem er möglicherweise schläft) und der Jet-Set-Königin Elizabeth Taylor einen Altar errichtet hat. Seit dem Welterfolg *Thriller* (1982 die meistverkaufte LP aller Zeiten) hatte sich sein Aussehen grundlegend verändert. Während er früher einen fröhlichen afro-amerikanischen Krauskopf und eine Mopsnase besaß, wurde sein Gesicht nun immer weißer und sein Haar immer glatter. Außerdem wies er immer stärkere Ähnlichkeit mit der (ebenfalls chirurgisch gestylten) Sängerin Diana Ross auf.

Im Interview mit Oprah Winfrey erblickte man ein menschliches Wrack, einen jungen Mann, der sich wie ein Greis bewegte, mit schmalen Hängeschultern und einem maskenhaften Gesicht. Mit seiner dünnen hohen Stimme erzählte er über sein Leben, als ob dieses sich seit Jahren in einer Klinik oder an einem anderen schrecklichen Ort abgespielt hätte. Langsam fingen die Zuschauer an zu begreifen: Der König des Pop – der Mann, der den Moonwalk erfunden hatte – war ein Nerd! Während des Interviews schnitt Oprah irgendwann ein anderes Thema an: seine Musik. Bei diesem Teil des Gesprächs wurde Michael auf einmal lebendig. Er saß auf dem Podium, die Füße in Richtung Publikum, und Oprah fragte ihn etwa folgendes: »Nun, wie denkst du dir einen Song aus, wie komponierst du?« Da bröckelte auf einmal die starre Maske von Michaels Gesicht und er antwortete: »Na ja, so!« Sein Körper streckte sich und begann, sich rhythmisch zu wiegen. Mit der Hand schlug Michael einen zweiten Rhythmus, und mit dem Kopf nickte er einen dritten, das Ganze begleitet von leisen, hohen Schreien. Hier saß kein einsamer Mensch, nein, hier saß eine ganze Band! Doch als Oprah zu einer neuen Frage überging, erstarrte Michael sofort wieder zu der Wachspuppe von vorher.

Einen ähnlichen Eindruck erhielten die deutschen Fernsehzuschauer, als Michael Jackson 1998 zu Gast in Thomas Gottschalks »Wetten-daß …«-Sendung war: Da saß ein ziemlich debil wirkender, künstlicher Mensch, dessen Verwandlung von einem schwarzen männlichen in einen weißen weiblichen Gen-Klon so gut wie abgeschlossen war, und erwies sich als unfähig, zu erklären, wozu seine bizarren Benefizkonzerte in Seoul und München dienen sollten (Wiedervereinigung Koreas? Trennung Koreas von den Philippinen? Vereinigung des Künstlers mit seinen koreanischen Teenie-Fans?). Strenggenommen war der bedauernswerte Thomas Gottschalk, der definitiv am Ende seines Talk-Könnens angelangt schien und Blut und Wasser schwitzte, nicht in der Lage, Michael Jackson auch nur einen Zweiwortsatz in irgendeiner Sprache zu entlocken. The King of Pop schien bereits mit dem Lokalisieren und Grüßen der kreischenden Fans weit überfordert.

Im Falle Michael Jackson handelt es sich um eine besonders boshafte Laune der Natur: Qualitäten und Mängel eines Menschen kompensieren einander. Michael Jackson wurde ein so überragendes musikalisches Talent in die Wiege gelegt, daß es später einfach all seine anderen Eigenschaften überlagern sollte. In alten Aufnahmen von den Jackson Five (der Band, in der fünf von den neun Jackson-Kindern mitspielten) sehen wir den blutjungen Michael in seinem Element, tanzend und swingend. Schon mit 14 landet er mit dem rührenden Song »Ben« einen Welthit. Nachdem er – der jüngste Jackson-Sproß – seinen Brüdern und Schwestern musikalisch über den Kopf gewachsen war, setzte er sich mit *Thriller* endgültig an die Spitze der Hitparaden. Danach folgten fast jedes Jahr Hits von unverändert hohem Niveau. Doch in den Jahren nach *Thriller* geschah das Unvermeidliche: Nachdem ein breites Publikum Michaels Musik kannte, wollte es auch Michael selbst kennenlernen. Man wollte wissen, was er denkt, wie er riecht und mit wem er es treibt. Doch Michael treibt »es« nicht. Er macht Songs. Michael ist Musik. Das Traurige ist, daß er die nachlassende Beliebtheit seines unwiderlegbaren Talents zu vermeiden versucht, indem er den »normalen Menschen« mimt. Auf die immer wiederkehrende Frage, warum er nie eine Freundin habe, reagiert

Michael, indem er sich auf der Bühne ständig in den Schritt greift. Nachdem ihn 1993 ein 13jähriger Junge des sexuellen Mißbrauchs beschuldigt hatte, ließ Michael sich jedoch eine zivilisiertere Tarnung einfallen: Er heiratete die Tochter von Elvis (Lisa Marie Presley). Als die Presse öffentlich bezweifelte, daß die Ehe vollzogen werde, gaben die beiden ein Interview, um zu verkünden, daß sie »es« wirklich tun. Doch mit Michael ging es immer weiter abwärts. Nach der Scheidung von Lisa Marie heiratete er 1996 die Krankenschwester Debbie Rowe, die ihm einen Sohn schenkte (Prince Michael Jackson junior). Schon bald kamen allerdings Gerüchte auf, die behaupteten, das Kind sei im Reagenzglas gezeugt worden. Am deutlichsten zeigten sich Michaels Versuche, seinem Publikum zu gefallen, in den immer markigeren Titeln seiner Alben und gleichnamigen Texte. War Michael ursprünglich noch *Bad* (1987), wurde er später *Dangerous* (1991), und noch später war sogar die Rede von *Blood on the Dance Floor* (1997). Seine Musik ist noch immer großartig, doch die Titel stehen in keinem Verhältnis mehr zu dem unglücklichen Musiker, der sich in der Öffentlichkeit mit einer Gesichtsmaske zeigt, der aufgewühlt vom Tod Lady Dianas ein Konzert absagt, und dem jungen musikalischen Nerd, der damals »Ben« sang.

Musiktip
»Ankomme Freitag den 13.«
(Reinhard Mey)

12 »Fliegenjagd« und Darwin-Awards: Freizeitvergnügen für Nerds

Entsprechend ihren unglaublich breitgestreuten Interessen haben Nerds zahlreiche Hobbys und spielen vielseitige Spiele. So sind sie beispielsweise geborene Sammler, und zwar nicht nur von Briefmarken, Poesiealbumbildern und Telefonkarten, sondern auch von verschiedenen Staubsaugertypen und Unglücksmeldungen. Natürlich sind Nerds fanatische Fans von Computerspielen, wobei Abenteuer in virtuellen Umgebungen wie bei *Doom* und *Quake* bei ihnen am beliebtesten sind. Doch auch virtuelle Fantasy-Umgebungen außerhalb des Computers sind populär, beispielsweise die verschiedenen Versionen von *Dungeons and Dragons*, einem Brett- und Kartenspiel, das auf den Büchern von J.R.R. Tolkien basiert. Genau wie die Trilogie *Herr der Ringe* ist dieses Spiel in Mittelerde situiert, einer Phantasiewelt, die bevölkert ist von Hobbits, Orks, Elfen und Zwergen. Ein weiteres echtes Nerd-Spiel besteht im Ernstnehmen von allem, was mit der SF-Serie *Star Trek* (»*Raumschiff Enterprise*«) zu tun hat. Nerds kontrollieren beispielsweise gern die Richtigkeit der Behauptungen des Vulkaniers Mr. Spock. Da Spock nicht zu menschlichen Emotionen imstande ist – in den späteren *Star-Trek*-Folgen übernimmt der humanoide Roboter Data eine vergleichbare Rolle –, kann er ausschließlich objektive Wahrheiten verkünden. Spaß haben Nerds auch an Diskussionen über die technischen Seiten der medizinischen Versorgung an Bord des Raumschiffs Enterprise oder über den Transport von Personen, die an ihrem Startpunkt in Moleküle aufgelöst werden, um dann auf einem fremden Planeten wieder zu Menschen zu materisieren (»*Beam me up, Scotty!*«). Wie dem auch sei: Nerds haben Probleme damit, sich rein konsumierend eine Fernsehserie oder einen Film anzuschauen.

Handlung und Charaktere sind ihnen meist ganz schnell viel zu simpel. Die Hauptpersonen im Roman *Microsklaven* (→ »Nerd-Literatur«) denken sich hierfür eine Lösung aus: Sie schauen sich nur noch fremdsprachige Videofilme mit Untertiteln an. Indem sie die Filme mit maximaler Geschwindigkeit abspielen, können sie mit Hilfe der Untertitel der Handlung des Films folgen, ohne daß sie diesen in voller Länge aussitzen müssen. Mit einem Nerd-Verstand kommt eben keine Langeweile auf. Für aufstrebende Jung-Nerds, deren Phantasie und Erfindergeist noch nicht ganz ausgereift sind, folgt nun eine Auswahl von Möglichkeiten des Nerd-Zeitvertreibs.

Unglücksmeldungen sammeln

Nerds sammeln gerne Meldungen von ungewöhnlichen Vorfällen, die sie dann im Internet untereinander tauschen. Neben den Sammlern von zeitgenössischen Unglücken mit tödlichem Ausgang (→ »Die Darwin Awards« , S. 112), gibt es im Internet auch Nerds, die *Die dümmsten Todesursachen der Geschichte* sammeln. Der gefürchtete Kriegsherr Attila der Hunne soll beispielsweise an Nasenbluten gestorben sein, und der griechische Tragödienschreiber Aischylos verschied, als ein Adler ihm eine Schildkröte auf den Kopf fallen ließ (manche Adlerarten lassen Schildkröten auf Felsen zerschellen, um an ihr Fleisch zu kommen). In diese Sammlung gehört auch der Begründer der Jogging-Bewegung, James Fixx, der von einem Herzinfarkt dahingerafft wurde – natürlich während des Joggens.

Der niederländische Nerd *Harro Ranter* hat sich auf ein besonderes Genre spezialisiert: Er sammelt seit seinem zehnten Lebensjahr Meldungen von Flugzeugkatastrophen. Schon in diesem zarten Alter verfaßte er in einem Zeitraum von anderthalb Jahren das *Internationale Katastrophenbuch der privaten Luftfahrt*. Nun unterhält er eine Website mit einer Übersicht über Unglücke seit 1970. Das morbide Kriterium für eine Aufnahme in sein Archiv ist, daß das Flugzeug vollständig zerstört sein muß, ungeachtet des Schicksals der Insassen.

Adresse: http://www.inter.net./users/-H-Ranter

Die Darwin Awards

Der Darwin Award wird im allgemeinen posthum verliehen. Es handelt sich um einen alljährlich vergebenen Preis für Leute, die durch ihre eigene Schuld auf die dümmstmögliche Weise ums Leben gekommen sind. Indem sie sich selbst vernichteten, entlasteten sie den Genpool der übrigen Menschheit, weshalb dieser Preis nach dem Urvater der Evolutionslehre, Charles Darwin, benannt wurde. Der Darwin Award wird im Internet verliehen.

Im Jahr 1997 ging der Darwin Award, ganz gegen die Tradition, an jemanden, der noch lebte, allerdings nur knapp dem Tod entronnen war. Larry Walters, 33, aus Nord-Hollywood, wollte immer schon fliegen. Sein Herzenswunsch schlug um in große Frustration, als er in die Luftwaffe eintrat und es dort wegen seiner schlechten Augen nur bis zum Putzen von F-16-Flugzeugen brachte. Eines Tages hielt Larry es nicht mehr länger aus. Er bastelte sich eine Flugmaschine, die aus seinem Gartenstuhl bestand, an dem er heliumgefüllte Wetterballone befestigt hatte. Diese Konstruktion taufte er »Inspiration«, und mit Hilfe von ein paar Freunden schwang er sich in die Lüfte. Ursprünglich hatte Larry geplant, bis in etwa dreißig Meter Höhe aufzusteigen. Als jedoch das Seil riß, das sein Vehikel am Boden festhielt, schoß er wie eine Rakete hoch auf 16 000 Fuß (ca. 5 Kilometer). Dort wurde sein Apparat zweimal hintereinander um Haaresbreite von Passagierflugzeugen verfehlt, und mangels einer Sauerstoffmaske und schützender Kleidung machten dem Piloten schon bald die Kälte und die dünne Luft zu schaffen. Glücklicherweise hatte er sein 27MC Kurzwellenfunkgerät dabei, und so kam es, daß mehrere Leute am Boden über Funk einen Mayday-Hilferuf aus dem fliegenden Gartenstuhl empfingen. Inzwischen hatte Larry notgedrungen bereits selbst seinen Sinkflug eingeleitet, indem er mit einer Pistole – die er ebenfalls bei sich trug – nach und nach die Ballone zerschoß. Obwohl er das Absinken zu kontrollieren versuchte, indem er von seinem Gartenstuhl aus hin und wieder Ballast abwarf, konnte er nicht verhindern, daß er in einer Hochspannungsleitung landete. Weit und breit fiel in der gesamten Umgebung der Strom aus. Larry erreichte jedoch unversehrt den rettenden Boden – und bekam eine Geldstrafe wegen Gefährdung der Luftfahrt. Das Fliegen hat er mittlerweile aufgegeben.

Im Laufe der Jahre wurden diverse Leute für den Darwin Award nominiert. Hier eine kleine Auswahl:

– Ein Anwalt, der aus dem 24. Stock zu Tode stürzte, als er die Sicherheit seiner Bürofenster demonstrieren wollte.
– Ein Mann, der sich versehentlich erschoß, weil nachts das Telefon klingelte und er anstatt des Hörers seine Pistole (eine Smith & Wesson .38 Special) vom Nachtschränkchen nahm. Als er sie ans Ohr hob, löste sich ein Schuß.
– Eines Tages entdeckten Polizisten hoch oben auf einem Felsen in Arizona einen Haufen geschmolzenes Metall. Eine Untersuchung ergab, daß der Metallhaufen die Reste eines Autos (eines Chevrolet Impala), einer Rakete und eines Menschen enthielt. Dafür gab es nur eine Erklärung: Der Mensch mußte die Rakete an seinem Auto befestigt und gezündet haben. Spuren von verbranntem Gummi in Kombination mit den Eigenschaften der Rakete (eine JATO-Einheit, »Jet Assisted Take Off«, die bei schweren Lufttransporten dazu verwendet wird, beim Aufsteigen zusätzlichen Schub zu verleihen) ermöglichten es, den »Flug« des unbekannten – weil bis zur Unkenntlichkeit verstümmelten –

Schlaumeiers zu rekonstruieren. Der Chevy muß zunächst innerhalb von 10 Sekunden eine Geschwindigkeit von etwa 500 Stundenkilometern erreicht haben. Weiterhin konnte man feststellen, daß das Auto – nachdem es eine Strecke von ca. 3,5 Kilometern in 15–20 Sekunden zurückgelegt hatte – noch zwei Kilometer geflogen sein muß, bevor es 35 Meter über der Straße gegen den Felsen prallte.

Sein eigenes Grab graben
(Spiel für einen Nerd)

Benötigt werden:
ein Brett
ein kurzer Pfahl
Hammer und Nägel
Feuer und Schürhaken oder ein Lötkolben
eine Schippe
ein schönes Fleckchen Erde

Suchen Sie sich ein schönes Fleckchen Erde aus, am besten ein Grasstück unter einem dicken Baum oder bei ein paar dichten Sträuchern. Empfohlen wird eine Stelle, an der regelmäßig Bekannte – beispielsweise Ihre Eltern – vorbeikommen. Brennen Sie mit dem Lötkolben oder dem erhitzten Schürhaken Ihren Namen, Ihr Geburtsdatum und den gewünschten Todestag in das Brett. Häufen Sie dann einen Grabhügel aus lockerer schwarzer Erde oder – falls vorhanden – Steinen auf, die Sie übereinanderstapeln. Nageln Sie das Brett an den Pfahl und stellen Sie den Pfahl mit dem Brett am Kopfende Ihres eigenen Grabes auf. Ganz nach Wunsch können Sie auch Blumen auf Ihr Grab legen. Sieht immer nett aus!

Greifreflex üben mit Erwachsenen

(Spiel für einen Nerd)

Jedes Kind macht eine Entwicklungsphase durch, in der es den Greifreflex übt. Es hält dann alles fest, was vor seine kleinen Fäuste kommt. Im späteren Leben braucht das Kind diesen Reflex, um Dinge zu greifen oder festzuhalten. Auch Erwachsene besitzen diesen Reflex noch, jedenfalls in Situationen, in denen sie nicht in der Lage sind, darüber nachzudenken, warum sie nach etwas greifen. Es ist eine hübsche Aufgabe für Nerds, die bekanntlich an allen kleinen Dingen des Lebens interessiert sind, die Existenz dieses Greifreflexes zu beweisen. Das Spiel wird am liebsten in einer Gesellschaft gespielt, die nicht weiß, daß sie an dem Spiel teilnimmt: beispielsweise die Familie am Frühstückstisch oder die Kommilitonen oder Klassenkameraden in der Kaffeepause. Suchen Sie sich ein Opfer aus. Wählen Sie danach einen Gegenstand mit geringem Wert oder etwas, von dem klar ist, daß das Opfer es in diesem Moment bestimmt nicht haben möchte. In manchen Fällen kann sich eine leere Flasche oder eine alte Zeitung dazu eignen, in anderen (das hängt ein wenig vom jeweiligen Opfer ab) muß man auf eine Spülbürste oder einen Besenstiel zurückgreifen. Nähern Sie sich dem Opfer. Halten Sie ihm oder ihr den Gegenstand gut sichtbar hin und machen Sie dabei eine Bewegung oder ein Geräusch, das darauf hinweist, daß Sie ihm oder ihr etwas geben wollen. Sie werden sehen, daß Ihr Mitspieler den Gegenstand in den meisten Fällen annehmen wird. Danach kann man das Greifreflex-Spiel nach Belieben erweitern. Eine Möglichkeit besteht darin, laut und hoch zu lachen. Damit läuft man allerdings Gefahr, daß andere Anwesende das Spiel durchschauen. Der Sport liegt im Grunde darin, das Spiel so lange wie möglich auszudehnen, d. h. so viele Leute wie möglich nutzlose Dinge ergreifen zu lassen. Manchmal gelingt es sogar, ein Opfer zweimal zufassen zu lassen. Doch aufgepaßt: Da Greifreflex-Spieler an primitive Instinkte ihrer Opfer appellieren, kann es gelegentlich vorkommen, daß sie primitive Reaktionen auslösen. Seien Sie sich dessen stets bewußt!

Fliegenjagd
(Spiel für fortgeschrittene Nerds)

Man braucht dazu:
1 gute Schere
1 Raum mit mindestens einer Fliege

Nähern Sie sich der Fliege so dicht wie möglich mit der geöffneten Schere. Am besten funktioniert dies mit einer trägen Bewegung etwa fünf Zentimeter über der Fliege. Der Trick besteht darin, genau in dem Moment zu schneiden, in dem das Insekt auffliegt. Es braucht einige Übung, bis man die ersten Erfolge erzielt.

Black Magic
(Spiel für einen oder mehrere Nerds)

Dieses Spiel ist ein schönes Beispiel für den Triumph des Geistes. Eingeweihte und Nichteingeweihte leben quasi in völlig verschiedenen Welten. Man kann es beispielsweise in einem reich dekorierten Wohnzimmer spielen. Ein Eingeweihter verläßt den Raum. Ein Nichteingeweihter wählt ein Objekt im Zimmer aus. Der Eingeweihte, der hinausgegangen ist, kommt wieder herein. Ein Eingeweihter, der nicht draußen gewesen ist, deutet auf Objekte im Zimmer mit der Frage: »Ist es das?« Irgendwann kommt er auch zum ausgewählten Objekt, und der Eingeweihte, der das Zimmer verlassen hatte, wird immer erraten, was in seiner oder ihrer Abwesenheit ausgesucht wurde. Wie das funktioniert? Schwarze Magie! Wir werden es hier natürlich nicht verraten. Wer auch nur den Funken eines Nerd in sich hat, weiß es sowieso längst.

Porträt: Der betrügerische Nerd (Gerd Postel)

Wenn die soziale Herkunft und die damit verbundenen Aufstiegs-
chancen einerseits und die geistigen Fähigkeiten eines Nerds ande-
rerseits zu sehr auseinanderklaffen, greifen manche Nerds zum
Mittel der Hochstapelei. In Deutschland ging jahrelang der falsche
Arzt *Gerd Postel* durch die Presse, der 1998 in Stuttgart endlich verhaftet wurde. Fotos des Mannes beweisen: Er ist ein Nerd. Auch die
Neigung des Hochstaplers zur Besserwisserei ist ein typischer Nerd-
Charakterzug. Und die überragende Klugheit, mit der der gelernte
Postbote Postel jahrelang die Justiz und die Mediziner an der Nase
herumführte, identifiziert ihn als Nerd erster Güte – auch wenn die
hohe soziale Intelligenz, die er an den Tag legte, eher untypisch ist
für die meist linkischen Vertreter dieser Art.

Gerd Postel alias Dr. Dr. Clemens von Bartholdy schaffte es zwischen 1981 und 1998 immer wieder, als falscher Arzt eine Anstel-
lung zu finden und zu praktizieren – meist, indem er sich am Telefon als »Professor von Berg« ausgab und seinen Schüler Dr. Postel
wärmstens empfahl. Zwei besonders brillante Beispiele seiner Drei-
stigkeit: Ende 1993 befand er sich in psychiatrischer Behandlung in
der Berliner Charité. Noch während der Behandlung bewarb er sich
als Arzt für Psychiatrie und Neurologie – und trat im Februar 1994
eine entsprechende Stelle beim Berufsförderungswerk Berlin an.
Jahrelang trat er zudem als psychiatrischer Gutachter in Gerichtsverfahren auf – alles mit Kenntnissen, die er sich ausschließlich
während seiner eigenen Behandlung abgeguckt hatte.

Als dann doch einmal ein Gerichtsverfahren gegen ihn anstand,
rief er beim Berliner Amtsgericht Tiergarten an, gab sich als Hamburger Richter aus und verwies auf ein – frei erfundenes – Gerichtsverfahren gegen sich selbst, dessen Ausgang das Berliner Verfahren überflüssig mache. Durch weitere Anrufe stiftete er noch
mehr Verwirrung und erreichte schließlich auch, daß die Berliner
Richter auf ihre ursprüngliche Absicht verzichteten, sich das Ham-

burger Urteil wenigstens einmal anzusehen. So entgeht man einer Vorstrafe.

In einem allerdings ist Postel nicht nur ein Betrüger, sondern auch ein Verräter – und zwar am Nerdtum: Er ist offenbar ein ausgesprochener Frauentyp und genoß jahrelang Protektion und Dekkung durch Ärztinnen und Juristinnen, die ihm regelrecht verfallen waren.

13 »Per Anhalter durch die Galaxis«: Nerd-Literatur

Douglas Adams: *Per Anhalter durch die Galaxis* (1979)
Werk in mehreren Bänden, das irgendwo in der Galaxis spielt, allerdings auf einem anderen Niveau als *Star Wars* oder *Star Trek*. Echte *geek*-Literatur. Populär bei Programmierern und Hackern, vor allem durch den Slogan *Don't panic*. Basiert auf einer BBC-Radioserie. Der Autor verfaßte das Skript für die SF-Serie *Dr. Who*. Eine Multimedia-Version des *Anhalters* findet man im Internet. Adresse: http://www.vogon.com/guide

Oliver Sacks: *Der Mann, der seine Frau mit einem Hut verwechselte*
So was kann nur einem Nerd einfallen: sich mit abstrusesten Krankengeschichten – die ihrerseits typisch sind für Nerds – zu befassen und sie in eine literarische Form zu bringen. Kultbuch der 8oer unter angehenden Nerds in den Fächern Medizin und Psychologie.

Scott Adams: *Das Dilbert-Prinzip*
Adams ist der Schöpfer der nerdischen Comicfigur Dilbert und seinem Hund Dogbert. In Amerika erscheinen Dilbert-Comics in einer Zeitung, bei uns sind sie in Buchform, als Kalender etc. erhältlich. Da Dilbert-Comics viele wiedererkennbare Situationen in Büros persiflieren, ist Dilbert ein häufig gesehener Gast auf Schwarzen Brettern in realen Büros. *Das Dilbert-Prinzip. Die endgültige Wahrheit über Chefs, Konferenzen, Manager und andere Martyrien* (1997) enthält Dilbert-Geschichten und allerlei Betrachtungen über *engineers* und andere Nerds. Nach diesem Werk sind noch weitere Dilbert-Bücher erschienen, die nur Comic-

strips enthielten. Adams publiziert außerdem viel im Internet.
E-mail-Adresse: scottadams@aol.com

Lee J. Ames: *Draw 50 Monsters, Creeps, Superheroes, Demons, Dragons, Nerds, Dirts, Ghouls, Giants, Vampires, Zombies and other Curiosa* (1986)

Schritt für Schritt wird erklärt, wie man Darth Vader, Frankenstein oder Quasimodo zeichnet. Die Anwesenheit des Nerd in dieser Figurenreihe ist bezeichnend für den schweren Stand, den amerikanische Nerds besonders in der Schule haben müssen.

Herman Brusselmans: *De man, die werk vond* (Amsterdam, 1985)

Pflichtlektüre für Büromenschen, die das Comicstadium (*Dilbert*, Gary-Larson-Comis) bereits hinter sich gelassen haben. Kürzlich verfaßte derselbe Autor ein Werk, dessen vielversprechender Titel sich in etwa folgendermaßen ins Deutsche übersetzen läßt: *Das schöne kotzende Mädchen und andere Erzählungen, nämlich Schmetterlinge, Adler, Märchen sowie das Tagebuch ›Eine Woche aus dem Leben des H. B.‹, von ihm selbst erzählt.*

Douglas Coupland: *Microsklaven* (1995).

Brillante Studie – in Tagebuchform – eines jungen Technikfreaks, der bei Microsoft in Redmond arbeitet. Bill (Bill Gates) spielt natürlich darin eine tragende Rolle. Die Hauptpersonen verlassen Microsoft, um in Silicon Valley, auch *Valley of the Nerds* genannt, eine eigene Firma zu gründen. Seit dem Erscheinen von *Generation X* gilt der kanadische Autor Coupland als anerkannter Chronist der neunziger Jahre.

Johnny Deep: *The complete Geek (an operating manual).* Broadway Books (New York, 1997)

Ein typisches Buch für Computer-Nerds, die sich wahrscheinlich über jeden Witz darin kaputtlachen. Für gewöhnliche Nerds und

andere Sterbliche ist es etwas unzugänglicher. Die große Inspirationsquelle ist wieder einmal Microsoft-Chef Bill Gates. Hauptautor Johnny Deep hat noch mehr Bücher in dieser Art geschrieben. Deep und seine Coautoren von *The complete Geek* unterhalten eine eigene Website.
Die Adresse ist http://www.th-geek.com

Christine L. Franklin, John Ward (Ill.): *Nerd No More* (1996)
Moralistisches Jugendbuch, in Amerika offensichtlich notwendig. Vielleicht in Kürze auch bei uns.

G. Hogg: *I heard of a Nerd Bird* (1991)
So gut wie unmöglich zu bekommen. Man kann es mal beim Internet-Buchhandel Amazon.com versuchen.
Adresse: http://www.amazon.com.

Jan Kuijk e. a.: *Het Genootschap. Het eerste handboek voor nutteloze kennis.* (*Die Genossenschaft : Das erste Handbuch für nutzloses Wissen*, 1992)
Sammlung von Artikeln mit historischen und praktischen Informationen, die normalerweise verwendet werden, um einer Geschichte etwas mehr Format zu verleihen. Dieses Buch beweist, daß gerade »nutzloses« Wissen das Leben erst interessant macht. Wer würde z. B. nicht gerne etwas über den dreibeinigen Hocker von Slauerhoff (das vierte Bein war ein Seil an der Decke) oder das hundertjährige Bestehen des strafenden Fußtrittes erfahren?

Richard Martin, Harold Koda: *Jocks and Nerds: Men's Style in the Twentieth Century* (1989)
Anthropologischer Ansatz zur Betrachtung eines Phänomens. Leider sehr schwer erhältlich. Man kann es bei Amazon.com versuchen (http://www.amazon.com).

John McNamara: *Revenge of the Nerds* (1984)
Leider ebenfalls sehr schwer erhältlich. S. o.

Michael Palin: *Hemingways Stuhl* (1996)
Leben und Werk eines *anorak*, des britischen Äquivalents des Nerd. Michael Palin ist einer der Macher von *Monty Python* und u. a. durch die Filme *Brazil* und *Ein Fisch namens Wanda* bekannt geworden.

Francine Pascal: *Jessica the Nerd* (1992)
Jessica Wakefield wird in der Schule zu einem Projekt für Schüler eingeteilt, die begabt in Mathematik und Technik sind. Dadurch kommt sie mit den extremsten Nerds der ganzen Schule in eine Arbeitsgruppe. Ihre coole Mädchenclique ist darüber nicht besonders erbaut. Jessica muß sich entscheiden! Insgesamt eine ziemlich tränenreiche Story.

Larry Shue: *The nerd: a comedy* (1987)
Sehr schwer erhältlich. Amazon.com versuchen.

Bob Stine: *Complete Book of Nerds* (1980)
Sehr schwer erhältlich. S. o.

John Kennedy Toole: *Ignaz oder Die Verschwörung der Idioten.* (1988)
Der Roman spielt im New Orleans der frühen sechziger Jahre und porträtiert den unnachahmlichen Proto-Nerd Ignaz J. Reilly.

14 Bill (William Henry) Gates III: Kaiser und Nerd

An anderer Stelle in diesem Buch wird Bill Gates »unumstrittenes« Nerdtum bescheinigt. Allseits bekannt als reichster und größter Nerd der Welt, scheint er in dieser Hinsicht über jeden Zweifel erhaben. Trotzdem ist dies die richtige Stelle, um das Nerdtum Bill Gates' anzuzweifeln und damit implizit auch das von all denjenigen, die hier so fröhlich unter einer Flagge versammelt sind.

Früher war die Welt viel übersichtlicher. Auf der einen Seite gab es einen visionären Mann: Steve Jobs von der Firma APPLE. Ihm gegenüber stand Bill, dieser unangenehme, phantasielose Nerd von *Microsoft*. Steve produzierte, wie jeder zugeben mußte, den besten Personalcomputer (PC) der Welt. Bill hatte nach zwei Jahren Studium Oxford verlassen und mit einigen Freunden einen eigenen Betrieb aufgezogen. Eigentlich hatte er nicht viel mehr geleistet als ein Betriebssystem zu erfinden, das in IBM-Computern eingesetzt wurde. Bill hatte große Pläne, sah aber nicht danach aus – scheinbar geschlechtslos und schlecht gebaut, wie er war. Steve Jobs dagegen war ein charismatischer Mann mit sinnlichem Mund, durchdringendem Blick und wilden schwarzen Haaren. Als Steve rief, Bill tauge nichts, glaubte man ihm.

Fünf Jahre später: Das ewige Reich von Steve will einfach nicht kommen. APPLE-Computer sind immer noch die besten und schönsten, doch sie verkaufen sich immer schlechter. Um die Malaise von APPLE zu bekämpfen, holt er einen der von ihm so gehaßten Manager ins Haus. Nicht lange nach seiner Einstellung wird Steve von diesem Manager entlassen. Mit Bill dagegen geht es immer weiter aufwärts.

Zehn Jahre später: Das Betriebssystem, das Bill irgendwann gekauft hat, ist, ein wenig verändert und mit etwas Glück, bei den immer populärer werdenden PC's zum internationalen Standard geworden. Die Software von Bill ist zwar nicht die beste, läuft aber praktisch auf jedem Computer. APPLE geht es inzwischen so schlecht, daß man Steve Jobs zurückgeholt hat. Um keinen Deut verändert, höchstens ein wenig älter geworden. »Bill taugt nichts!« ruft Steve und findet damit breite Zustimmung.

Noch ein paar Jahre später: Die Software von Microsoft beherrscht die Welt. Bill ist der reichste Mann der Erde. Millionen haben seine Autobiographie *Der Weg nach vorn: Die Zukunft der Informationsgesellschaft* (1995) gelesen. APPLE dagegen liegt im Sterben. Dann die große Nachricht: Bill hat APPLE gekauft. Alle Zeitungen veröffentlichen ein Foto von Steve, der mit Bill telefoniert. Äußerlich keine Spur verändert, unser Steve. Und er telefoniert mit Bill. Seinem Chef.

Wer also ist hier der Nerd??????????

Bill will die Welt erobern, sagt man. Und wenn ein Teil der Welt Bill nicht haben will, dann kauft Bill einfach dieses Stück der Welt. Deswegen ist Bill unheimlich. Ach ja, und er ist außerdem ein Nerd, mit seiner komischen Brille und diesem unmöglichen Aussehen. Ein größenwahnsinniger Nerd. Wie Hitler, Pol Pot, Stalin oder Mao, sagt man.

Doch was würde man sagen, wenn Bill sein Vermögen verspielte? Er hat sich schon ganz ordentlich in die Nesseln gesetzt, als er die Bedeutung des Internet unterschätzte. Dadurch konnte der junge Steve-Bill (Marc Andreessens) mit seinem hübschen kleinen Programm *Netscape* den Markt für *netbrowsers* erobern. Er lieferte die nötige Software, um im Net surfen zu können. Was wäre, wenn Bill all sein Geld dem Diana-Fonds schenkte und danach für den Erhalt des brasilianischen Regenwaldes kämpfte, oder wenn er eine Armee aufstellen und China den Krieg erklären würde? Was wäre, wenn Bill betrunken in seinem Mercedes ...? Wäre er dann immer noch ein Nerd?

Eine Folge der Comicstripreihe Lucky Luke handelt vom Viehzüchter Smith, der sich einbildet, Napoleon zu sein, Kaiser von Amerika: *Seine kaiserliche Hoheit Smith*. Smith hat seinen früheren Stallknecht Gates zum Leibadjutanten ernannt und seine Cowboys zu napoleonischen Soldaten befördert. Nachdem Smith zu Fall gebracht wurde, übernimmt sein Adjutant dessen Rolle. »Folgt mir!« ruft er seinen Soldaten zu. »Folgt eurem Kaiser: Gates dem Ersten!« Bill nennt sich jetzt schon Gates der III. Ist er also doch größenwahnsinnig?

In einem Zeitungsartikel ist zu lesen, daß Bill Probleme hat, Menschen direkt anzuschauen. Ist er also doch ein Nerd?

Geben Sie Ihrer Suchmaschine einmal den Auftrag, im Internet nach Bill, Bill G., Bill Gates oder William Henry Gates III zu forschen, und Sie werden Hunderte, ja Tausende von *entries* finden. Außer Haß-mails und Bill-Hassern wird man zahllose Liebeserklärungen, Unterstützungsbezeugungen und bewundernde Worte über ihn antreffen – und zwar nicht nur von den Tausenden Microsoft-Arbeitnehmern.

Bill ist weise.
Bill ist freundlich.
Bill ist gütig.
Bill, bitte sei mein Freund!
   (D. Coupland: *Microsklaven*, S. 1)

Ist Bill vielleicht doch der Messias?

Michael Ringel

Das listenreiche Buch der Wahrheit

Wertloses Wissen hoch 10

Band 13989

Nichts ist so sinnlos wie untereinandergeschriebenes, in Listen sortiertes Wissen – und nichts lesen wir so gerne wie gerade das. Wir schmökern, um zu erfahren, welche 10 Männer Madonna auf keinen Fall mit auf eine Insel nehmen würde. Wir blättern, weil wir wissen wollen, welches 10 typisch deutsche Berufe sind. Wir lesen uns fest bei den 10 schönsten »U-Booten« in Nachschlagewerken, wie der »Steinlaus« im Pschyrembel. Und wir schlagen nach, um für's Kreuzworträtsel den zweitlängsten Fluß der Welt herauszufinden. ›Das listenreiche Buch der Wahrheit‹ ist die organische Verbindung des Nonsens mit dem Wissen der Welt: Es liefert wahre Antworten auf sinnlose Fragen.

Fischer Taschenbuch Verlag

fi 2216 / 2

Clifford Stoll

Die Wüste Internet

Geisterfahrten auf der Datenautobahn

Aus dem Amerikanischen von Hans Jörg Friedrich

Band 13850

Ich, ein Internet-Süchtiger? Hören Sie mal, ich lebe ein erfülltes
Leben. Ich habe Familie, Freunde und einen Beruf. Computer sind
eine Nebenbeschäftigung, nicht mein Lebensinhalt. Der Jupiter geht
im Osten auf und blickt hinab auf die Farm in Connecticut, wo ich
meine Ferien verbringe. Die Finger an den Tasten, in den kalten
Schein meiner Kathodenstrahlröhre getaucht, beantworte ich E-
Mail. Diese Nacht warten zwanzig Briefe auf Antwort, drei Leute im
Netz wollen mit mir plaudern, es gibt ein Dutzend Newsgroups zu
lesen und einen Haufen Dateien runterzuladen. Wie soll ich da hin-
terherkommen? Ich hole tief Luft und ziehe den Stecker aus der
Dose... Die schlechte Nachricht dieses Buches lautet: So wunderbar,
wie sie uns versprochen wurde, ist die schöne neue Welt des Internet
gar nicht. Die gute Nachricht lautet – ebenso. Es ist nur gut, wenn
die Euphorie um die Datenautobahn ein wenig gedämpft wird. Stoll,
einer der Pioniere des Internet, hält den Online-Gläubigen den Spiegel vor – mit Sachkenntnis, Anschaulichkeit und trockenem Witz.

Fischer Taschenbuch Verlag